春野の民話

二本松康宏　監修

奥　理咲子
島津　華梨
中澤　明音
永田絵美梨
編著

三弥井書店

目次

言い伝え 109

地域解説 127

序

二本松　康宏

浜松市天竜区春野町は浜松市の北部に位置する山あいの町である。

昭和三一年（一九五六）、いわゆる昭和の大合併によって周智郡の犬居町と熊切村とが合併し、春野町が誕生した。町名は熊切の霊峰・春埜山《はるのさん》に由来するという。翌三二年（一九五七）には気多村も合併に参加し、あらためて春野町が成立する。気多村が一年遅れで合併に参加したのは、ひとことでいえば気多村が合併を渋っていたからである。気多村には気多村の矜持があった。

さかのぼること六八年前。明治二二年（一八八九）四月、町村制の施行（明治の大合併）により宮川村、気田村、豊岡村、石切村、小俣京丸村が合併し、気多村が成立した。明治の町村制は郡役所からの上意下達によって進められたが、大正六年（一九一七）に刊行された『静岡県周智郡誌』によれば「宮川村は最初独立を主張して屈《くっ》せざりしも」「豊岡村は宮川村の如《ごと》く固執《こしつ》の甚《はなは》だしきものにあらずと雖《いえど》も独立を希望せり」「其《その》他の各村異議《いぎ》を唱《とな》へしものなし」とあるように、村ごとに賛否の温度差がみられ、とくに宮川村からは強い抵抗があったらしい。明治二年（一八六九）に作成された『遠江国旧高旧領取調帳』によれば、宮川村（久保田、平木、里原、高瀬、夜川十五七百、河内）の村高（田や畑など村の総生産を米の生産高である石高に換算したもの。年貢の基準となる）は三七三石余、豊岡村（植田、山路西東、篠原、勝坂）は二四〇石余、気田村（気田、気田十五七百）は二一六石余である。「村落の大小を論せば宮川村第一」（『静岡県周智郡誌』）という状況であった。それでも結局のところ宮川村も豊岡村も郡役所による説得を受け入れ、合併を了承した。ただし新しい村名を気田村とすることだけは納得せず、往古の気多郷に復旧（『静岡県周智郡誌』）し、気多村と称することで折り合いがついたという。

新村制の施行に先立つ二年前の明治二〇年（一八八七）、気田では王子製紙気田工場の建設が始まっていた。『春野町史 通史編 下巻』によれば、毎日六〇〇人の職工がレンガ工場の建設に従事していたという。そうした職工たちを客として飲食店や割烹店、旅館、商店などがにわかに立ち並び、娯楽産業も開かれたらしい。工場がもたらす恩恵は「当村人民永遠の幸福」（明治二〇年一一月一八日付「王子製紙会社気田工場設立につき村民盟約証」、『静岡県史 資料編一七・近現代二』所収）と期待された。

明治二二年一二月、王子製紙気田工場は操業を開始し、我が国で最初の木材パルプ（亜硫酸パルプ）の生産がここから始まる。新時代の、まさに近代明治の賑わいを背景として新しい気多村もここから始まったのである。人々の暮らしは前時代とは比較にならないほど豊かになった。明治二七年（一八九四）五月の『人民生計等取調ノ件』（『春野町史 資料編三 近現代』所収）には「人民生計ノ度ハ大ニ進ミタル」と記されている。

大正一一年（一九二二）、気田工場は操業を停止し、翌一二年（一九二三）に閉鎖した。パルプの原料となる木材資源が枯渇しつつあったこと、気田川の水害、労働運動による賃金の上昇、北海道苫小牧など新工場への生産拠点の移転など、さまざまな事情が重なったという。

王子製紙によっていったんは丸裸になった山林に植林が進められた。明治の後半に植えられた杉は昭和に入って伐採適齢期を迎えていた。昭和一一年（一九三六）、植田と金川の貯木場とを結ぶ気田森林鉄道が開通し、帝室の御料林から伐り出された木材の輸送に鉄道が使われるようになる。大正時代に植えられた杉の伐期齢は、ちょうど戦後の復興特需に重なった。昭和二六年（一九五一）、気田森林鉄道は篠原貯木場を起点として水窪の門桁国有林まで延長し、全長三三㎞にもおよぶ復興の大動脈となった。豊岡でも宮川でも気田でも、もちろん石切や京丸でも、多くの人々が林業に従事した。直接、森林《やま》で働くことはないにしても、商業や軽工業、流通、飲食、娯楽など何らかのかたちで林業に関わりを持ち、あるいは森林《やま》の恩恵を享受した人々も多い。

冒頭に述べた「気多村の矜持」とは明治の製紙工場から六〇有余年にわたって継承されてきた地域の経済力である。それはかつて気多村への合併に抵抗しようとした宮川村の「屈《くっ》せざりし」思いにもさかのぼることができるだろう。

林業だけではない。勝坂、植田、野尻、篠原、平木、里原、久保田では気田川の畔に水田を拓いてきた。それは気田川の氾濫と隣り合わせで手に入れた豊かさである（『北遠の災害伝承―語り継がれたハザードマップ―』、二本松康宏監修、青木ひめの・青島萌果・小川日南・川嶋結麻・米川沙弥・松井佐織編著、三弥井書店、二〇二一年）。日常的に米を食べることができるというのは、それだけで並の豊かさではないのだ。

昔話の採録をしながら山里を訪ね歩くと、かならずと言っていいほど、そこに暮らす人々の気高さを知る。綺麗に手入れされた庭先でたわわに咲いていたカラフルな紫陽花《あじさい》。道路から家に入ってくる私道のかたわらに一株だけ咲いていた赤い曼珠沙華《ひがんばな》。まるでその家に住む一人暮らしのおばあちゃんの人柄がそのまま花になって咲いているようだ。この感覚を知ってしまうと、昔話の採録調査はもうやめられなくなる。

勝坂で、植田で、久保田で、河内で、我々はそこに営まれたささやかな商店を知った。昔を知る人たちは

「生活に必要なものはほとんどそこで買えた」と懐かしむが、そんなはずはない。私自身も信州の田舎の生まれだからよくわかるが、田舎の小さな商店の品揃えなんて知れている。「生活に必要なものはたいてい揃う」のではない。そこで売られているものだけで生活しているのである。自給自足に〝プラスα〟。けっして貧しさではない。知足《たるをしる》の暮らしがそこにある。「足るを知る者は富む」と謂う。それは山里に暮らす人たちの豊かさなのだ。

そうした人たちを訪ね歩き、そして聞き集めた珠玉の話をこの書籍《ほん》に載せた。山林《やま》で働く人々、気田川《かわ》に生きる人々、里で田畑を耕す人々が、それぞれに語り継いできた「暮らし」の記憶でもある。

浜松市天竜区春野町

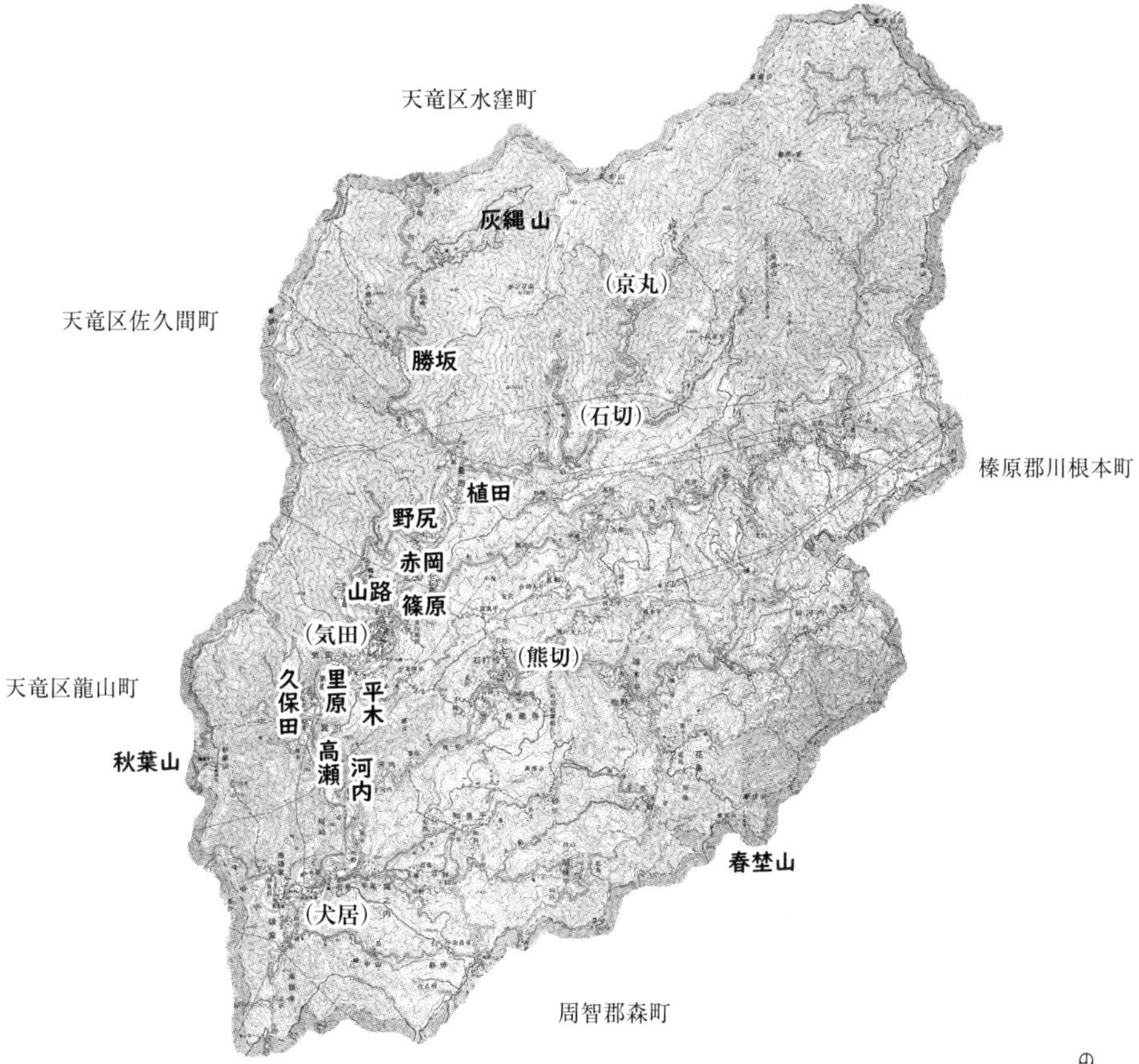

静岡県全図

凡例

一　本書は、静岡文化芸術大学 文化政策学部 国際文化学科 二本松康宏ゼミ（伝承文学）に所属する学生が、令和四年五月から令和五年一月にかけて静岡県浜松市天竜区春野町の豊岡地区（篠原、山路、赤岡、野尻、植田、勝坂）と宮川地区（河内、高瀬、久保田、里原、平木）において実施した民話の採録調査の成果の一部である。

二　採録調査は浜松市春野協働センターの協力を得て実施した。

三　調査では五二名の方から昔話九五話、伝説五六話、世間話四一話、言い伝え四九話、合計二四一話を記録した。本書ではその中から昔話四一話、伝説一八話、世間話一〇話、言い伝え一八話、合計八七話を掲載している。

四　話はすべて原則として「語りのまま」「方言のまま」に掲載する。

五　昨今の社会情勢（高齢者を狙った特殊詐欺犯罪の危険性など）に配慮し、本書では話者の個人情報については詳細な情報を掲載しないことにした。氏名、生年、おおまかな住所だけを掲載する。

＊　採録調査については「公益社団法人ふじのくに地域・大学コンソーシアム」より「令和四年度 ゼミ学生等地域貢献推進事業」としての助成金をいただいている。

＊　本書の刊行については「公益信託チヨタ遠越準一文化振興基金」より助成をいただいている。

昔話

1　桃太郎㈠

尾畑　多慶（野尻）

おじいさんがね、柴刈《しばか》りに行って、おばあさんが川へ洗濯《せんたく》に行ったと。で、洗濯していたらね、川上から大きな桃が流れてきたという話だよね。で、それを拾ってね。拾って、家《うち》へ持ち帰って、おじいさんが帰るのを待って、いたとこがね。おじいさんが見たら、こりゃあね、桃が輝いて見えたって。それこそ、なんてゆうの、ひづるしいほどの、「ひづるしい」って言われて、ひづるしいほどの輝きを。ほいで「どうしよう」と、これは。そいたらね、まぁ何《なん》とかここにね、包丁《ほうちょう》入れたわけでもないだろうと思うけどね、割れて。そこから生まれたのが珠《たま》のような男の子だったたってゆうね。そゆことだよね。

その後《あと》、子どもが成長して、ほいで若者んなって。鬼ヶ島へね「鬼退治に行こう」と。ほうゆう話になるだけどね。ほって、鬼退治に行くにはね、まぁ、黍団子《きびだんご》を、おばあさんが三つだか、作ってくれたってような話が知ってるんだけどね。それ聞いたんだけど。まず、「家来を欲しい」ってゆうわけでね。家来ってゆうのは、最初に出てきたのは何《なん》だっけ。犬だったっけか。「桃太郎さん、桃太郎さん、私もお供にさしてください」って言う。そのうちに、今度は雉《きじ》が出てきたと。もう一人何《なん》だっけ。猿《さる》かな、なんか出て。そんでもう、家来を、三人て言《ゆ》わんだもんで、三匹なのか、二匹、一羽とゆうか。ほんで、鬼ヶ島へ行ってね。で、まぁ、青鬼、赤鬼を相手にね、戦いあって。勝ちましたとゆうなお話ですよねえ。

（令和4年6月18日採録）

2　桃太郎㈡

中田　たかえ（赤岡）

川で洗濯《せんたく》をして、そしたら、川上のほうから桃がどんぶらこ、どんぶらこ流れてきて。二《ふたぁ》つあって、赤い桃と青い桃があって。「青い桃はあっち行け、赤い桃こっち来い」っつって。おばあさんのほうに赤い桃が来て。それをおばあさん、家《うち》へ持って。

おじいさんが山行って帰ってきて、「おじいさん、こんなものが川に流れてきたよ」っつって。桃を割ってみたら、その男の子が出て、それを聞いたね。

（令和4年6月11日採録）

3　桃太郎㈢

大上　貴枝（山路）

むかしおじいさんとね、おばあさんがありました。で、おじいさんが山へ柴刈《しばか》りにね、おばあさんは川へ洗濯《せんたく》に行って、洗濯してると、大きな桃が、川上から流れてきて。その桃を「青い桃は向こう行け。赤い」。そう言ったと思っただけどねえ。それを持ってお家《うち》に帰って、その桃を割ると、中から桃太郎が出てくるね。

で、その子が大きくなって、鬼退治、出かけるね。最初は犬だったかしらね、うん、犬だと思ったぞ。で、「一つね、黍団子《きびだんご》ください」って言やね、鬼退治についてくるんだよね。それに雉《きじ》もね、そのようにして連れてって。猿《さる》も出てきてね。お猿さんも出てきて、犬と猿と雉だと思った。それで鬼ヶ島へ行って、結局、青い鬼を退治してね。赤鬼はいい鬼じゃったじゃないかね。

（令和4年5月21日採録）

4　一寸法師

大上　隆司（山路）

むかしむかしあるところに、おじいさんとおばあさんがいて。おじいさんとおばあさんに子どもが無くってね。ほいで、子どもが無いもんで「子どもが欲しい欲しい」って言《ゆ》って、どっかのお宮さんかなんかで、お地蔵さんかなんかに拝んでたのかな。「欲しいだけど、なかなか授《さず》からない。で、おじいさんおばあさんになっただけど」って言《ゆ》ったときに、なんでか俺もそこもわからんだけど、覚えてないだけど、三センチくらいの、一寸っていうと三センチなんだけど、それくらい小さな子どもを授かったってだよ。

その子どもにご飯とかなんかくれても、その大きさから成長しなくってずーっとそのままでいて、大人になってってか、昔の成人って十五歳ぐらいなんだよ。武士のころなんかだと元服とかっていう、十五歳ってよく言《ゆ》うじゃんねえ。それくらいになったときに「都のほうに行きたい」って言《ゆ》って。で、都のほうに行くんだけども、味噌汁茶碗《みそしるぢゃわん》みたいなのと箸《はし》とか、刀の代わりに針だったりとか、そういったのを「そろえてくれ」って、おばあちゃんに言《ゆ》って、そろえてもらって。で「都のほうに行ってくるから」っつって、その茶碗に乗って小川をどんぶらこと流れて行っただいね。

　で、都に行って、都だもんでその頃って京都だいなおそらく。京都に行って、そういったそこのところで仕えようと思うだけどなかなか小さいもんで仕えれんじゃんね。で、自分でこう大きなとことかまわって、そこでたまたまね、「じゃあ娘の家来ってかたちでね、まぁ一緒についていってってくれれば」って言《ゆ》って雇《やと》ってくれたところがあって。で、そこのとこでお姫さまと一緒にいたときに、京都っていうのは昔からよく鬼とかなんかが出るって言《ゆ》って、言《ゆ》われてて。その鬼がね、娘さんをさらってこうとして来たときに、一寸法師がこう、針の刀で戦ったんだけど、食われちゃっただいね、小さいもんで。食われちゃったもんで、そのお姫さまもどうにもならんじゃんね。で、「困ったやあ」って言《ゆ》ったら、食べられちゃった一寸法師はお腹の中で針で刺して、鬼をこらしめて。で、二匹だかいたのかな、鬼が。もう一匹は出てきたときに、出てきた拍子に、目かなんかを突いて、で、それで鬼が退散した。で、その退散するときにこらしめたもんで、「もう悪いことはしないから」って話をね、結局、一寸法師がして、「じゃあその代わりに」って言《ゆ》って、打ち出の小槌《こづち》っちゅうかね、その「な

法師に「大きくなるように」って言《ゆ》って置いていっただよ。その願いをお姫さまが、一寸法師に「大きくなるように」って言《ゆ》って、大きくして、んでその姫さんと結婚して、婿《むこ》に入っただいね。ほいでそれから都のほうへおじいさんとおばあさんを迎えに行って、一緒に暮らして幸せになったよって。

（令和4年7月16日採録）

5　かぐや姫

柴田　武司（河内）

むかし、おじいさんとおばあさんいて、まぁ普通に生活してて。おじいさんは、仕事っちゅうか、その仕事で竹を伐《き》ってきて、で、竹細工っちゅうて籠《かご》を作ったりなんだりして、編んだりして。昔は籠でもなんでもすべての物を竹を編んで、作ったりなんだりしたけんが、ほいでやったりしてて。

ある日、「ちょっとおばあさんや、竹を伐りに行ってくるでなぁ」って言って。ちょっと竹をいつものどおりに行ったら、一個だけ光ってる竹があったもんで、「んー、これは良い竹だなぁ」と思って伐って。「持って帰ってくれてやろう」と思って伐ってったら、したら、伐ったら途中でポーンと割れて、中から女の赤ちゃんが出てきたと。「なんだこれは！」。桃太郎と一緒であれだいね。そのおじいさんもおばあさんも子どもがなくて。したら、「わあすごい。こーんなキラキラ光った竹から子どもが出てきた！」。喜んで帰って、おじいさんとおばあさんと竹の仕事やりながら、だんだんだんだんだんと育てたと。

ほいで、竹から出てきた女の子もだんだんだんだんだん成長して、大きくなるにつれて、おじいさんもおばあさんも心配したと。大きくなってきたけが、ときどき夏のそーゆところになると、空見てちゃあ、涙泣いて流し泣いたりしてるもんで、おじいさんもおばあさんもやらずやないだんね、第一。ほいで、ある夏になると、その竹から生まれたその女の子が、おじいさんとおばあさんに、言《ゆ》ったたって。「七月《しちがつ》の七日《なのか》になると、私は、空へ行かにゃいかん」と。「ちょっと待ってくれよ、本当《ほんと》に」って本当《ほんと》に泣いて、まぁ、辛かったたって。そして、おじいさんとおばあさん「まぁ天からそうやって言《ゆ》うなら、しゃあないが」って言《ゆ》って。その七《しち》月《がつ》の七日《なのか》が来て。したら、空見てたら、向こうのあれから、いっぱい綺麗《きれえ》な明かりが出てきて。それで、その明かりの中に乗って吸い込まれるようにその女の子がずーっと行ったと。で、それが、おじいさんとおばあさんが作った、竹で作った籠に乗って行って。ずーっとずーっと見えんくなるまで行ったたって。

（令和４年７月23日採録）

6　花咲爺《はなさかじい》

鈴木　けさえ（勝坂）

あの、飼ってた犬がね、「ここ掘れワンワン」っちゅって。正直《しょうじき》じいさんが掘ったら、そうすと、金や銀の大判や小判がぞくぞく出てきて。で、隣に住んでた欲深《よくふか》じいさんが、その犬が鳴かんもんで、叩いて鳴かして、掘ってみたら、それこそいらんガラクタもんばっか出てきたって。で、ほんで犬を殺しちゃっただって。そしたらそのおじいさんが、うんと嘆いて、「その灰をくれ」って灰をもらってきて、その咲かない木に撒《ま》いたら、花がぱあっと咲いただって。そこへ殿さまが通って、お褒《ほ》めの言葉をあれしてね、褒美《ほうび》をくれたって。で、また欲深《よくぶか》じいさんがその灰をもらって、また撒いたら殿さまの目に入ってね、えらく叱《しか》られて。あのあれだって、欲をかくなってゆうあれだだいね。

（令和4年7月2日採録）

7 瘤《こぶ》取り爺《じい》

大上　隆司（山路）

ある村にね、隣同士で右のほっぺたに瘤《こぶ》があるおじいさんと、左のほっぺたに瘤があるおじいさんがいただよ。でね、善《い》いおじいさんと悪いおじいさんだね。

善《い》いおじいさんが山に仕事に行って、たまたま、休憩してて、ほしたら木の祠《ほっこら》みたいな、穴が開いてただよ。そん中から、踊《おど》ってるようなすごい賑《にぎ》やかな声が聞こえてきたもんで、「なんだろなぁ」って思ってその穴ん中入ってってってみたら、中で鬼が、祭りみたいにどんちゃん騒ぎしてわーって踊って騒いでただよ。それを見てたらね、善《い》いおじいさんがね、ついつい つられてその中行《い》って一緒に踊っちゃってこうやってやってたら、「おまえなかなかいいやつじゃんけ」っつって鬼が言《ゆ》って。で、「また遊びに来い。また遊びに来い」っつって、「いやぁもうちょっと来れんかもしれんで」「そんなこと言《ゆ》うならおまえの瘤取って持っててやるで、返してほしかったらまた来いよ」って言って瘤を取っちゃっただよね。

でそれを、帰って来て瘤ん取れてるのを悪いおじいさんが見て、「おまえなんだ瘤んねえんじゃねえけ」って話になって、「瘤がない。どうしただ」って聞いてみたら「ある山の祠とこ行って中から音が聞こえたもんで入ってみたらすごい楽しくやってたもんで、そこに行って騒いでたら、その鬼がおまえまた来いってことで瘤、人質じゃないけども物質《ものじち》で取ってやって次に来たときに返すって、それまでここに置いとくで、ほいでまた来いよって言《ゆ》われたん。だけど瘤取ってくれたもんでもう行きたかない」みたいな感じでいただよ。そしたらその悪いおじいさん「なら俺その瘤取ってもらえば俺もそうなるか」って悪《わる》だくみ考えて、そこに行って結局、「お、ここだな」って入っていっただよね。入ってって中で鬼が騒いでるもんで「これかぁ」と思って、で、そのおじいさんが入っていってその踊りん中に混じったたけど、踊りが下手だった。「おまえこの前のあれじゃねえな。下手くそじゃねぇか。何《なん》にもおもしろくねえわ」っつって「ほいだでおまえにこの瘤返してやるわ」ってぽんってつけてやったもんで、その悪いおじいさんは右と左に瘤がついちゃって、帰って来て、「あんなこんなら行くんじゃんかった」って思ったたってゆうことが瘤取りじいさんの話。

（令和4年7月16日採録）

8　舌切《したき》り雀《すずめ》

天野　悌延（久保田）

おばあさんが障子貼《しょうじは》りをしてて、その障子貼りの糊《のり》はお米から作ったお糊、接着剤として使ってて、それをおばあさんがやってたら雀が接着剤、お米だから食べたっつうかね。ほんで、それを見てたおばあさんが怒って、その舌を、雀の舌をちょん切《ぎ》っちゃった。で、雀はおばあさんから逃げて林の中へ。

だけどおじいさんが「大丈夫か」って心配して行ったら雀は、まぁ助けたわけではないけど、おじいさん、優しいおじいさんだったもんで、「せっかく来てくれたで」っつって、ほいで、大きな葛籠《つづら》か小さな葛籠か、今でいうお土産を、まぁ、くれた。それでおじいさんは「小《ちい》ちゃな葛籠でいいよ」ってもらって帰って開けたら、まぁ、金銀ちゅうかさ、宝物が出てきて。

で、それを見てたおばあさんは欲が深いから、また同じように林に行って、雀のところ行って、帰りに「大きな葛籠か小ちゃな葛籠かどっちがいいか」って言《ゆ》われて大きな葛籠をもらって帰ったら、欲が深いおばあちゃんが開けたら中から蛇とか、トカゲとかサソリがいっぱい出てきてっちゅう話。

（令和4年7月9日採録）

9　鼠《ねずみ》の相撲《すもう》

大上　隆司（山路）

鼠がね、その穴ん中でね、こう相撲をとってて。やっぱり鼠の中でも大きい鼠と小さい鼠とか、細っぴい鼠とかいろんな鼠がいるじゃんね。そういった細っぴい鼠がいて、何度やっても大きい鼠には勝てなくて、負けているもんで、見てたおじいさんが、「とてもこれじゃあかわいそうだもんで、ちいと大きくなってね、あいつを負かせてやれるようにしてやりたい」って言《ゆ》って、自分のご飯とかなんか与えたりして、「大きくなれよー、強くなれよー」って言《ゆ》って。それで大きくなって、対等にやっと相撲をやっても勝てるようになって、「よかったなぁ」って言《ゆ》ってね、喜んだってゆう話。

（令和4年7月16日採録）

10 笠地蔵《かさじぞう》

大上 隆司（山路）

おじいさんとおばあさんが、まぁ、山の奥で暮らしてて。生計を立てるために、作物とかなんか作ってるんだけども、ただ、冬、歳《とし》取るためにお餅を買いに行きたいんだけどもってことで、笠を一生懸命《いっしょうけんめえ》二人して作って「町に売りに行こう」って。雪が降る日には笠とか蓑《みの》とか欲しいでしょ。そういったのを「売ってきてお金にして餅を買ってきて年を越そう」って言《ゆ》っておじいさんとおばあさん一生懸命《いっしょうけんめえ》作って、その笠を持って売りに行っただいね、おじいさんが。そしたら、町場行って、全部売れなくて売れ残っちゃった笠があっただけど、とりあえず餅買ってきたから、まぁ、「ちいっとだけどこれでなんとか年越せるかな、一晩だけでも」って帰ってくるときに、たまたまいつも通ってる道のところにお地蔵さんがいただよ。七体だったか六体だったかちょっと記憶にないけども。そんときに、「あぁお地蔵さんも雪の中ね、こんな冷たい中ね、こんなに雪かぶって大変で可哀想《かわいそう》だから」、売れ残った笠をね、一つずつこう、そのお地蔵さんの頭を、こう、雪取ってやって笠こーやってやって、つけてって、「まぁこれしかできんけども、これでなんとか雪は凌《しの》げるかな」っつって帰ってっただよ。で、帰っててっておばあさんに、「売れ残っちゃったけど帰り道にお地蔵さんが雪で可哀想だったから、残った笠はね、全部そのお地蔵さんのとこかぶしてきちゃったから。餅これしかないけども、まぁ二人で食って、なんとか年は越せるね」っつって寝ただよね。

ほしたら夜になって、寝静まったころ、なんか、ガサ、ガサっていう音がして、「なんだろなぁ」って思ったけども、「まぁ獣《けもの》かなんか来てるのかなぁ」って感じでしかいなくって。で、そのままおじいさんとおばあさん寝てただけども、それは実際はそのお地蔵さんが、まぁそうやってかぶせてくれた恩返しだっていうことで、そりみたいなのに一生懸命いろんなもの、餅から財宝からいろんなものを乗せて、そのおじいさんのところに、「ありがたかったわけで」って言《ゆ》って、お礼に持ってきて、置いていったっていう。

ほいで朝起きて表出てみたら置いてあったもんで、それでびっくりして、「なんだろう、なんだったんだろうなこれ」って思ったときに、そのそりのできた跡のとこずーっと行ってみたら、お地蔵さんのとこまで跡が残ってたって。

（令和4年7月16日採録）

11　藁《わら》しべ長者《ちょうじゃ》

柴田　武司（河内）

本当《ほんと》に貧《まず》しくて、仕事がなくて、百姓でもやらんかと思っても場所がないし。で、親から捨てられて、藁《わら》、藁一本田んぼで、持ってふらふら歩いて。

歩いていたら、したら、トンボ、ブーンと舞ってたもんで、そいでトンボ捕《つか》まえて、あーしてて、藁でそのトンボ縛《しば》ってこうやってやってたら、そしたら、歩いてたら、お祭りんとき、子ども抱えてしたら、子どもが「あれ欲しい、あれ欲しい」って。ここに売っていないじゃん、トンボに藁つけてこうやって動いてるじゃん、あっていうのは。したら、その子どもが言ったもんで、その子どもをおぶっていたちょっとお金あるお人が、「ほんじゃしょうがないね」って言《ゆ》って。そいでその人に言《ゆ》ったら、持ってる人に言《ゆ》ったら、「あ、これ、やるよ」って言《ゆ》ったら、「んじゃあ、ありがとう」って言《ゆ》って。その、枝に、ミカンが付いた枝、持ってて、そで、「これあげるで」って言《ゆ》って。

そいで、それでももらって、そいで、ミカンもらって、また歩いてったら、そしたら、他の人が、「あれが欲しい、あれが欲しい」って言《ゆ》った人がいて。もっとお金持ちの人が、もっとすごい物持って、なんか持ってる人で、その人が「欲しい」って言《ゆ》ったもんで、そのミカン。「あ、いいよ、いいよこれあげるよ」って言《ゆ》ったら。欲もなくやった。

そしたら、他のすごいものをくれて。ほいで、「いやぁ、これはすごいなぁ」と思って持ってったら、そしたら、また持って歩いてって、歩いてったら、そしたらそれ通った大名ちゅうかそういう人が、「あれは、あの昔の物を持てるけんが、あれはすごい物だ」、そいで「あれが欲しい」とその殿さまが言《ゆ》って。ほいて、「わしも欲しい、わしが欲しいで」ってその大名が家来に言《ゆ》って、そして、「それを、殿さまが欲しいっちゅうで、譲ってくれよ」と。したら、そしたら「いいよこれは別に、もらったもんだから、あげるで」って言《ゆ》ったら、欲もなく言《ゆ》ったらそしたら、その殿さまも大変喜んで、「こんなにすごい物を、本当《ほんと》にありがとう」って言《ゆ》って。んで、そのくれた人に、その殿さまの屋敷《やしき》呼んで、「ほんとにすごいおまえは。あれだ」っつって言《ゆ》って。その人も、そしたら大名の家臣になって、立派なっただけんが。

その人は、欲っちゅうかさ、もらったのもっと儲《もう》けよう、もっと儲けようじゃなくて、もらっ合ものだけが、「これでよけりゃあげるよ」と、欲なくやったもんで、ほいで、それをもらって助かった人は喜んで、あの、してくれて、だんだん上がってって、殿さまのすぐそばへ仕えたって。楽な生活したっちゅうな。欲をかかなんだもんでっちゅうことでね。

（令和4年7月23日採録）

12 鶴《つる》の恩返《おんがえ》し

大上　隆司（山路）

村でね、よく働き者の男がいただよ。で、畑とかなんかやったり、山にね、夜の薪《たきぎ》を取りに行ったりとか、してただよ。ほしたらたまたまね、通ったときにバタバタ音がしたもんで「なんだいなぁ」って思ったら、ほしたらよく鳥を捕まえる罠《わな》みたいなのがあるだいね。それを誰かが仕掛けたところに鶴《つる》が、たまたまこの罠に引っかかって捕まってただいね。鶴だったもんで普通の鳥じゃないもんで「可哀想《かわいそう》だ」って言《ゆ》って罠から外してやって逃がしてやっただいね。ほしたら鶴が飛んでって、何度も振り返りながら飛んでって、行っちゃっただいね。んで、まぁ、「そのことは内緒にしとこう、その罠かけた人に悪いから」って思ってそーっと帰っていたら、やっぱり女の人が訪ねてきて、「泊まるとこんないから泊めてくれ」ってかたちで来ただいね。

泊まってるうちに、ほしたらそこの家《うち》でね、「どうしてもやっぱり、世話んなったから恩返しをしたいで」って言《ゆ》って。で、そこにその男の人とおじいちゃんとおばあちゃんがいて、もう貧しかったけどもその女の人にご飯やったりなんだりってやっただいね。だけども結局貧しいもんであんまりいいものやれないじゃん。って言ったら、たまたま機織《はたお》り機《き》ってのがあったもんで、「今から私それ織《お》るから、それをあなた方にあげるから。でも私が織るところは絶対に見ないでね。見たらいけないから、戸《と》を閉めておくから絶対覗《のぞ》かないでくれ」って。「あぁわかったよ。娘さんが言《ゆ》うこんだもんで守るよ」、年寄りだもんで守っていただよ。パタパタパタパタ一晩中織ってたもんで、「ばかに頑張るなあ」と思いながら待っててそしたら朝になったら、織った反物《たんもの》ってのが三つだか置いてあったのかな、「これを持ってって町でね、売って来てお金に変えてください」って。で持ってったったら、鶴の自分の羽を入れて織ってあったのだもんでばか綺麗《きれえ》だってことで高く売れただよね。で、材料買ってきて、ご飯食べたりって、それを何度も鶴がやってくれるじゃんね。「ありがたいなぁ」って思いながら、「でもそんなにね、追い詰めてやってると体壊しちゃいかんもんで」って言《ゆ》って、ついつい覗《のぞ》いちゃいけないよってゆうのを覗いちゃっただいね。そしたら鶴が自分の羽をくちばしで抜いちゃあ織物《おりもの》ん中入れてガシャガシャやって織ってるのが見えたもんで、あのときの鶴じゃないかって。それをたまたま見つかっちゃっただいね、覗いてるの。ほして、結局その鶴が「見ちゃいけないって言《ゆ》ったのに見ちゃいましたね」って言《ゆ》って。で「もうここにもういれないから」って、「いろいろありがとうございました」って言《ゆ》って、朝んなって飛んでいってしまったたって。

（令和4年7月16日採録）

13 浦島太郎《うらしまたろう》

大上　隆司（山路）

漁をしてる青年がいたんだけども、その釣りに行った帰りんときに、子ども達が海亀をいじめてただいね、砂浜で。「いじめてたら可哀想《かわいそう》じゃんか」って言《ゆ》って子どもら追い払って逃がしてやっただいね、その亀を。「もう捕まるじゃないぞー」っつって。

ほうして言《ゆ》ったら、それを亀がね、また戻って来て、その後《あと》。で、「あんときお世話になったもんで、ぜひね、乙姫さまってゆうかね、竜宮城の。『あなたにお礼をしたい』って言《ゆ》ってるから私の背中に乗って行ってくださいよ」って、その背中に乗せて海の底に行っただいね。

で、ずーっとそこで料理もらったり、鯛《たい》や鮃《ひらめ》の踊り、舞見たりね、なんかそういう幻想的なものを見たんだよね。それですごい時《とき》が経《た》って、もう家《うち》にぼちぼち帰らんといかん。で、玉手箱三つ、「どれ持ってく？」っつって。でも「持ってくに大変だから」っつって「このちっちゃいのでいいよ」ってもらってきて、帰ってきただいね。

そしたら、来てみたら、現場を見ても今まで自分が住んでた世界と違う。家《うち》行ってみたらぼろぼろになってるし、知ってる人が誰もいないって途方《とほう》に暮れてて、玉手箱もらったからって「何入ってるんだろう」って開けてみたら、煙が出て自分が年寄りになっちゃった。で、それは結局、竜宮城行ってる間に時間がすごく流れて、自分が行ったときの時代と時代がずれちゃってるから、その現実の時代に戻るようにってことじゃないかと思うだけども、そういったことで年寄りになって、その後《あと》釣りをしながらのほほーんとして過ごして亡くなったっていうことだと思うだけどね。

（令和4年7月16日採録）

14　雪女《ゆきおんな》

大上　隆司（山路）

山にね、やっぱり、猟をしに、冬んなると熊だったりとかさ、いろんなものを撃ちに入るじゃんね、猟師が。で、親子で猟に入って、吹雪になっちゃって、山を下りれなくなっちゃって。ほしたらたまたま見つけた山小屋っていうかね、避難場所みたいな小屋があって。そこで「何とか暖《だん》を取ってちぃと凌《しの》ごう」って言《ゆ》ってそこで寝てただよ。

で、そのときに、こう火を焚いてたんだけども、でもやっぱり何《なに》も着るもんもないもんで、自分たちでこうやってやりながら結局うずくまって寝るじゃんね。で、寝てたら、そしたらうとして寝ちゃっただいね。そのお父さんと、自分と。で、ほしたらたまたまその息子が目を覚ましたら、ほしたら火が消えててね、で、扉がこうパタパタパタパタなってて。で、パッと見たらお父さんのとこ雪女が来て息を吹きかけてて、で、息を吹きかけてて凍死しちゃったってね。でそれを見てた息子は、雪女が「見たね」って言《ゆ》うもんで、「誰にも言《ゆ》わないから」「本当《ほんと》に言《ゆ》わないか」「言《ゆ》わないよ」「じゃああなたは殺さなし見逃してあげるよ」って言《ゆ》って雪女は去って行って。それで死んじゃったじゃんね、お父さんが。それから村へ帰って、そのことを言《ゆ》ったらどうなるかって、「殺すよ」って言《ゆ》われてたから、もう言《ゆ》わんでいられんじゃんね。だからもうそのことは言《い》わないでお父さんは結局「猟に行って凍死しちゃった」って、連れて帰って来て。

それをずーっと黙ってただけども、たまたまあれだいね、道に迷って体調ん悪くなって、女の人がその人の家《うち》んとこに来て、「一晩泊めてくれ。身体がおかしいもんで」って。で、泊めてやったときに、「なんて綺麗《きれえ》な人だこの白い人は」って思って、雪女だったそれ。だもんで、そのもん知らなくって、泊めてやって、仲良くなっちゃって、結局嫁にもらって、一緒に暮らしてたじゃんね。子どもができて、畑やったりとかいろいろやってて、ほいでもう一〇何年ぐらい経って、一〇年近く経つのかなあ、なったころに、寒い冬の日に、「こんな日に昔こういうようなことがあって」って、ついぽろっとしゃべっちゃっただいね。ほしたら雪女が、「今までね、こうに暮らしてきてね、ずーっと暮らしていけると思ったのに、あなたは私との約束破ってしゃべっちゃったね」って。「でも子どももいるし、好きんなっちゃったから、殺したかない。だから私はここから去るからもう二度とここには来ない」って言《ゆ》って、雪女に化けて、ってか元の形に戻って去って行ったたって。

（令和4年7月16日採録）

15　米埋糠埋《こめうめぬかうめ》

高橋　志津子（久保田）

むかしね、継母《ままはは》がね、小糠《こぬか》の中に他人の子を入れて、自分の子どもはお米の中に入れたら、お米が冷たくて子どもは死んじゃったけど、小糠の中のね、継子《ままっこ》は生き抜いたってゆう話もあるだいね。

小糠はカスじゃん、お米に付いいた。そりゃぬくといの。お米はうんと冷たいの。

（令和４年７月16日採録）

16 雉《きじ》も鳴《な》かずば撃《う》たれまい

鈴木　けさえ（勝坂）

私が今でも覚えてるのはね、「父は橋場《はしば》の人柱《ひとばしら》。雉も鳴かなきゃ撃たれないのに」っちゅう題があってさ。

その内容が、その橋がね、いつも大水《おおみず》で流れるもんで、そこへ人柱を立つといいっちゅうことで、みんな寄ったとこで、その人が「袴にね、継ぎがあたってる人がね、人柱んなればいい」ってゆうことで、言《ゆ》って、みんな見たとこ、その言《ゆ》い出した人が継ぎあたってただって。それだもんで、その人が人柱なったたって。

ほいで子どもが、「父は橋場の人柱。雉も鳴かなきゃ撃たれないのに」って。猟師も雉が鳴きなしりゃ、わからんで撃たんっちゅうことを言《ゆ》って、お父さんもそんなことを言《ゆ》わなきゃ人柱にならんでもいいってゆうことをね、子ども言《ゆ》っただ。

（令和4年7月2日採録）

17　とろかし草《ぐさ》

天野　悌延（久保田）

山を越えて、町へ出るときに、山の中に大蛇《だいじゃ》が、大蛇が人を襲って飲み込んじゃったと。してそれで、その大蛇が、こう人間飲み込んじゃったもんで、こう苦しくなってただけど、なんか近くにあった草を食べて。食べたらみるみるお腹がこう、ちっちゃくなって、で、消化しちゃって、大蛇はそれで山へ逃げたと。

ほいで、たまたまそれを目撃した人が、これから町行くもんで、この草はいわば、今でゆう消化剤、パンシロンね。もう消化剤だと思って、それを懐に忍ばせて、で、町に行って。ほで蕎麦《そば》をさ、みんなで食べてるときに、蕎麦をいっぱい食べて、お腹いっぱいになって。ほいで「じゃあちょっとトイレ行ってくる」って言って、別の部屋で、その蕎麦を、消化しようとして持ってきたあの草を、飲んだわけだね。

ほったら部屋で待ってる人が、出てこないから、「どうしたんだろう」って言《ゆ》ったら、戸を開けたら、羽織《はおり》と袴《はかま》履《は》いた、あの人が立ってたと。ったらその、よくよく見たら、蕎麦が羽織袴を着てたって。

結局、その草は、人間を溶かす。大蛇にとっては消化薬として人間を溶《と》かすのを飲んだけど、その人は、胃の中のものを蕎麦を溶かそうとして飲んだら、その薬は、人を溶かす薬だったもんで蕎麦だけ残った。

（令和4年7月16日採録）

18　因幡《いなば》の白兎《しろうさぎ》

太向　忠和（赤岡）

兎《うさぎ》がさ、自分が川の向こうへ渡ろうとして、渡ろうとしたんだけども、兎は泳げないもんで。犬は犬かきっちゅうのあるじゃん。兎かきなんていうのないもんで。まあ、鰐《わに》がいたもんで「鰐はな、何匹《なんびき》いるか数えてやるよ」みたいなこと言って、そんで渡っちゃった。で、それで渡っちゃっといて、「はい、さよならー。ありがとー」って行っちゃったもんで、鰐は怒って、兎をね、噛み付いて皮を剥いちゃったって。

それでも、助ける神さまもいて、「蒲《がま》の穂へくるまってゴロゴロ転《ころ》げりゃあね、毛が生えるよ」っつって、なんか、そういう教えをして。兎が、毛が生えたみたいなそんな話。

（令和4年7月2日採録）

19 節分《せつぶん》の由来

柴田　武司（河内）

「福は内」の「福」は女の子の名前でさ、福《ふく》っちゅう女の子がいてさ。お母さんと福っちゅう女の子と二人で住んでてで。

んで、毎日鬼が来て、「福をくれ、福をくれ」って来て。で、お母さんも福も「もう本当《ほんと》に困ったね、悪い鬼毎晩来て」って言って困ってて。んで、たまたま、その節分の境目んとき、また鬼が来て、「福をくれ、今日は福をくれんと帰らん」って座り込んじゃって。で、お母さんもその福っちゅう女の子も、「いや、困っちゃったなあ」っつって。「ほんとに困っちゃったね」って。で、たまたまお母さんが焼き仕事やったりなんだりしてて、ほんで、豆をおかずにして、豆炒《い》って、たまたま炒ってて。ふっと思いついて、炒った豆を一掴《つか》み掴んで、一掴みこれ持ってって「これやるで。芽、蒔《ま》いて芽が出たら福をやる。もし芽が出なんだら二度と来るんじゃない」ってうんと強く言ったって。ほんで鬼が、その炒った一掴みもらって、「こりゃあうまい」と「芽が出りゃあ福をもらえる」と、喜んでもらってって帰って。

ほいで、上手《じょうず》に蒔いて肥料やったり水やったりして、大事《だいじ》に大事に、本当《ほんと》に大事に、福もらわにゃいかんもんで。で、そうやったけが、何年経っても芽が出てこん。出るわけない、炒った豆だもんでね。

ほんなもんで、「鬼は外」って炒った豆を蒔くと悪い者が来ないということ。で、何年経っても鬼は来んと。で、その福とお母さんは来んもんで、幸せにずっと暮らしたとって。

（令和4年7月23日採録）

20　猿蟹合戦《さるかにがっせん》（一）

柴田　武司（河内）

猿《さる》がいつも、そこに川に行ったりなんだりして、遊んだりなんだりして、色々してて。そして蟹《かに》は蟹で、川の隅のほうで横になったりなんだりしてて。

んで、ある日、その猿が、どっかからなんか柿だか食べたか。そしたら種が残る、ぽとっと落としちゃったもんで、蟹が「なんだろう」と思って挟んで持ってって、土の中埋めといたら、そしたら、だんだん木が大きくなって。蟹も「何《なん》の木だろう」と思って。ほいで、だんだん大きくなって。で、やがて大きな木になって。そしたら猿もちょこちょこ来て、「お、蟹さん何これ?」っつったら、「あんたん食べた種からできた木だよ」って言ったら、「ふーん」って言ってきて。ほいでだんだん大きくなって、その木から実がなって。そして、蟹さんが植えた木だもんで、大事《だいじ》に育てて大きな綺麗《きれえ》な、赤い綺麗《きれえ》な実がなってきて。ほいで、赤くなってきたもんで、そいったら猿さんが来たもんで、「猿さん、あの赤いの、一つちょうだい。食べてみたいで」って言《ゆ》ったら、「よしよし」って、猿が木に登ってって、むしゃむしゃ赤いの食べちゃって。んで、青いのだけボトボト落として、「これは俺ん採ったのだ」とか何《なん》とか言ってって、猿が自分勝手に。で、青い柿を落として、蟹んとこ、当てたりなんかして。で、蟹は「赤いの抜いて食べれんもんで落としてくりゃ食べれるで」って言ったら、そで自分勝手に猿は青いのばっか落として。で、赤いのは自分で食べちゃって。そしたら、今度は蟹さんが、その猿の落としたあれで、亡《な》くなっちゃって。

したら、臼《うす》と、蟹さんの他の子どもたちが、「猿さんをこらしめてやりましょう」って言って。で、猿さんがいつも寝たりする家があって、そこんとこの、猿さんがどっか行ってる間《あいだ》に隠れてて。で、「こらしめてやりましょう」ってその家《うち》の、その住んでる家《うち》の屋根ってか、上登ってって隠れたりして。蟹さんもその上這《は》って登ってったりして。臼も上登ってったりして。猿さんが帰ってきて。ほいで、「一杯《いっぺい》、あっちのも食べた、こっちも食べた、いろいろしてきた。やれやれさあ寝るかなぁ」って言《ゆ》ったら、蟹さんと臼さんが「おお！」って怒って。「あんたええかげんしなさい」と言って、「もっと、みんな一生懸命《いっしょうけんめえ》やってるだで」って言って、臼が上から、猿さんが寝てるとこにドーン！と落ちてきて。で、猿さんはこらしめてやったと。そいで、蟹さんは蟹さんでそこから、下から這《は》って行って、猿さんとこ挟んだりなんだりして、こらしめてやったと。そしたら猿さん「ごめんなさい、ごめんなさい！」って。臼さんと蟹さんとこみんなに謝って、いい猿さんになったよって。

（令和4年7月23日採録）

21　猿蟹合戦《さるかにがっせん》㈡

鈴木　けさえ（勝坂）

猿がさ、木へ登って、美味しい柿を食べていて、下に蟹がいて、「一つ私にもください」ったら、青い渋柿《しぶがき》を放ってよこいたって。ほいで、蟹さんが泣いていたとこへ、臼《うす》と、蜂《はち》と、なんだっけ、栗《くり》か、来て。「どうした」って言《ゆ》うもんで、「こういうわけだ」っつったら、小屋へ行って、栗は火の中へ隠れて、蜂は水んとこ、水瓶《みずがめ》のとこ行って、それから臼は、入り口んとこに待ってて。そんで猿《さる》が「寒い」って「火にあたらっか」と思ったら、栗が爆《は》でて。「熱い熱い」って水瓶行ったら、蜂が刺して。「痛い痛い」ってこっち来たら、臼が落ちて。っていう話だっけ。

（令和4年6月4日採録）

22　雀《すずめ》の孝行と燕《つばめ》の不幸

鈴木　けさえ（勝坂）

雀とね、燕とね、お母さんだかが、なんかもう危篤《きとく》だか何《なに》かだって。それから雀、雀はそのまま行った。そいで、燕は今、あんなええ、お式に着るような、年寄り衆が着るようなあれになっただ。

雀はそのまんまの汚い色だってゆうことを聞いたっけ。それだもんで、食べる物が米を食べれるって。そいで燕は洒落《しゃれ》て行ったもんで、タキシードを着て行ったもんで、虫しか食べれんって。

（令和4年7月2日採録）

23　雀《すずめ》とガッチ

柴田　武司（河内）

ガッチってギャーギャーギャーって言《ゆ》うけど、その鳥はすごい綺麗《きれぇ》でさ。ほんとに水色とか、本当《ほんっと》にカラフルな綺麗《きれー》な鳥で。だけん民家っちゅうかさ、その傍に見んだよね。この辺《へん》にいないだよね。

なんでいんかっちゅうとそれは、雀は、本当《ほんと》に苦労して、苦労して苦労して、みんなを助けたりなんだりしてたもんで、あの、傍にいられるけど。雀は、親が大事《だいじ》なとき看たりなんだりしたっけが、ガッチっていう鳥は綺麗《きれぇ》だけん、親がどうなろうが誰がどうなろうが、自分だけ綺麗《きれぇ》な恰好《かっこ》して。そうしちゃあしてきたもんで。んで、やがて神さまん罰《ばち》あてて「おまえはその綺麗《きれぇ》な恰好《かっこ》して、みんなの前で来《こ》んでもええで、一人でそうしていなさい」って山の奥のほう押し込んで。だけど雀は本当《ほんと》に苦労して苦労したから、綺麗《きれぇ》じゃない、汚い恰《かっ》好《こ》だけんが、ちょこちょこどこへでも行って、そこらあるもの何《なん》でもして、不自由ないような生活してたのに、「困らんようにしなし」って人間の傍にいてちょんちょん来てご飯食べたりなんだりできるが、綺麗《きれえ》な恰好《かっこ》して親の面倒も見ん、知らん顔して、自分だけよけりゃいい、その綺麗《きれえ》な鳥は山の奥行って、自分だけ人目に出んとこで、綺麗《きれえ》な恰好《かっこ》だけが、鳴き声がギャーギャー、ギャーって鳴くっていう。

（令和4年7月2日採録）

24 十二支《じゅうにし》の由来 (一)

柴田　武司（河内）

あるとき、十二支のあれに、誰が一番先へ、その場所まで辿り着くかっちゅうので、「用意どん」って言《ゆ》って。で、「用意どん」ってやって。

ほんときね、鼠《ねずみ》なんで一番先なったちゅうとさ、ほれで、ダカダカダカダカみんな行ったけん。牛はがむしゃらに行ったってね。牛の頭に乗ってて鼠ね。ほいで「やれやれ」ってなって。で「ゴールだ！」って、ゴールしに「はーっ！」って行ったときに、牛の「これだ！」っつったときに、その前、頭から落ちただ、鼠ポトンと。牛から落ちたじゃん、いきなり止まったもんで。だで牛は一位だっけが、牛より先、行っちゃったじゃん鼠。だんで、鼠一番先になったじゃんね。牛の頭のに乗ってて、牛にゴールんときに止まったもんで、その止まった拍子にポトッと落ちたもんで、鼠、先になったよっと。

（令和4年7月23日採録）

25　十二支《じゅうにし》の由来(二)

鈴木　康夫(勝坂)

お釈迦《しゃか》さまの葬式にね、行くときの話だ。到着順。子《ね》、丑《うし》、寅《とら》ってゆうことで。お釈迦さまが亡《な》くなったということで、みんなして悔《く》やみに行くちゅう、あれして。お釈迦さまのもとへ駆けつけた順番が、子、丑、寅のあれで。牛の鼻先に、牛の背中だかなにかに、鼠《ねずみ》が乗ってて。さあ、もうじきちゅうとき飛び降りて、それだで、牛よりあの鼠のほうが先になったっちゅう。

(令和4年6月4日採録)

26　尻尾《しっぽ》の釣《つ》り

柴田　武司（河内）

川の中で魚を釣るに、誰かが釣ってて、「狐をこらしめてやる」っつってさ。魚を捕まえるに。誰かわからんが、他のあれが、「狐さん魚釣りはこうやってやるといっぱい釣れるよ」って言《ゆ》ったら「そいなら釣って、へー、しめた。そうして食べよ」って。「尻尾つけてやると魚いっぱいくっついてくるから」って言《ゆ》うと、騙《だま》された狐がしっぽを川の中へ、冷たい中こうやってやってて釣れんだよね。しっぽが凍《こお》っちゃうじゃん冷たくて。ほいで狐が逃げっかと思っても凍っちゃって逃げれんし。ほいで、みんなに、他の衆に懲らしめられたっちゅう。

（令和4年7月2日採録）

27　兎《うさぎ》と亀《かめ》㈠

鈴木　昇（篠原）

兎と亀が「競走しよう」と。で、兎さんはちょっと悪知恵《わるぢえ》がきいてるもんだから、「どうせ俺が勝つ」と思って、油断してるだよね。足が速いもんで、もう圧倒的に速く行っちゃうんだけど、途中で疲れて、眠っちゃうだよね。そのうちに亀さんは真面目でコツコツコツ行くもんで、その寝てる兎さんを追い抜いて、亀さんが一等賞になったって話。大体そんなことだいね。

（令和4年5月28日採録）

28　兎《うさぎ》と亀《かめ》㈡

太向　恵枝（赤岡）

なんか競争しようとしたじゃんね。そして兎は、亀が遅いもんで、だもんで、兎はちょっと「亀さん遅いで」と思って、昼、寝て、寝ただいね。寝ちゃったもんで、その間に亀がゴールしたね。

（令和4年6月18日採録）

29　兎《うさぎ》と亀《かめ》㈢

青山　澄子（赤岡）

兎が、それこそ自分がね、早いもんで、それだもんで亀を馬鹿《ばか》にして。兎は「後からね、行く」って言って。ほいで亀は先頭とってもね、ずーっと、それこそ最後まで歩いて行ったらね、兎は途中で昼寝したもんで、負けちゃっただいね、亀に。

（令和4年6月11日採録）

30　熊《くま》の忠告《ちゅうこく》

高橋　志津子（久保田）

熊を撃《う》ちに鉄砲二人で、行って。「熊が来た」っつって、一人木に登っちゃって、もう一人間に合わんもんで、死んだふりして寝ていたら、熊が匂い嗅いで向こうへ行っちゃったって。

上から降りてきた友達が、「熊がなんつった」っつったら、その人が「自分だけ逃げるような友達は持つな」っつったって。

友達は友達でかばい合いっこしないかんで、間に合わんで二人であの寝たふりすりゃいいのに、自分だけ木に登っちゃったもんで。

（令和4年7月16日採録）

31 蟻《あり》とキリギリス

柴田　武司（河内）

蟻さんは、一生懸命《いっしょうけんめぇ》、一生懸命《いっしょうけんめぇ》一生懸命《いっしょうけんめぇ》、夏でも暑いときは汗かいちゃあやってたけん、キリギリスはとぅるるるん、とぅるるるんって音楽聴いちゃあ毎日やってたんだっけが、やがて秋になると、蟻さんはそのいっぱい夏の暑いとき汗かいて働いて食べ物《もの》取っただけんが、キリギリスさんは、その夏の暑いときも、涼みながらきれいな音出したりなんだりしていて、食べ物を蓄えてなかったもんで、秋になると「食べ物んない。蟻さんわけて」っちゅったら、蟻《あり》さんが「キリギリスさん。あんた夏のいっぱいあるとき遊んでるもんで『一生懸命《いっしょうけん》命《めぇ》夏の暑いときでも汗かいて汗かいて一生懸命《いっしょうけんめぇ》一生懸命《いっしょうけんめぇ》やらないと食べ物なくなるよ』と言《ゆ》ったのに、そうやって遊んでるもんで食べる物《もん》なくなっちゃうだよ。僕らはその暑いときも汗かいて汗かいて一生懸命《いっしょうけんめぇ》一生懸命《いっしょうけんめぇ》ちいとずつ取っといたもんで今あるのよ」って言《ゆ》ったちゅうあれじゃないな。

（令和4年7月2日採録）

32　オオカミ少年

鈴木　けさえ（勝坂）

ある少年が、いつも、「オオカミが来た。オオカミが来た」っちゅうもんで、その度《たんび》に村人が、オオカミ本当《ほんと》に来たと思って家《うち》入ったって。

ほいでまたある日、その少年が「オオカミん来た。オオカミん来た。」って言《い》っただん。それをね、ほんとにオオカミ出ただんね。いつも嘘《うそ》を言《ゆ》う子だもんでね、村人がね、本当《ほんと》にしなし助けなんだっちゅう話。ほいだで嘘を言《ゆ》うなっちゅう。

（令和4年5月21日採録）

33　一休さんの頓智《とんち》――飴《あめ》は毒《どく》

天野　悌延（久保田）

一休さんと弟子《でし》たちがさ、和尚《おしょう》さんが出かけるでって。ほんで和尚さんが鉢《はち》の中に飴を隠いて、和尚さんが出かけるたびに「この中は毒が入ってるから、絶対開けちゃだめだよ」って言って。和尚さん出かけた後に一休さんたちが鉢を開けて、「これはたぶん飴だ」っちゅうことで舐めちゃってさ。舐めちゃったら美味《おい》しいもんでどんどんみんなで食べちゃって。だけど「どうしても和尚さんに見つかると怒られてとんでもない。じゃあみんな食べて死んじゃおう」っつってみんな食べて。

和尚さんが帰って来て「どうしたんだ」「和尚さんに悪いことした。僕らこの毒を食べて死のうとして全部食べました」っつって。和尚さんが「悪かった、嘘を言った」ってゆう話だっけね。

（令和4年7月9日採録）

34　一休さんの頓智《とんち》―このはしわたるべからず㈠

栗﨑　宣勝（久保田）

「この橋渡るべからず」っちゅう表札があってて、これ渡って殿さまん所《とこ》来たもんで、「どうやって渡って来ただ」っつったら、「端《はし》を渡らずに真ん中を渡って来ただ」って。

（令和４年７月９日採録）

35　一休さんの頓智《とんち》―このはしわたるべからず㈡

柴田　武司（河内）

殿さまが、「一休、あの川の向こうにいるけれども、こっちへ来い。その橋を渡らずに。大きな川だけども渡らずに来い」って言ったら、「はーい！」って言って、真ん中を堂々と歩いてきたと。ほいで「橋を渡るなと言ったじゃないか」って言《ゆ》ったら、「お殿さま、端《はし》じゃないすよ。真ん中です」って言《ゆ》った。確かにそうだよね。

（令和4年7月23日採録）

36　一休さんの頓智《とんち》─屏風《びょうぶ》の虎《とら》㈠

柴田　武司（河内）

一休さんがね、殿さまだかに呼ばれて、「一休、わしが居るとね、夜になると屏風から虎が、描いてある虎が出てきて、暴れてしょうないでそれを退治してくれよ」と一休さんに言《ゆ》ったら、そしたら、一休さんがちょっと考えてて、「よし、わかった!」。で、それで、縄《なわ》を編《あ》んで、「今から捕まえるで、縄を編むんで、待ってて。ちゃんと丈夫な縄にする」って一生懸命《いっしょうけんめえ》縄作って、縄。で、縄作ったら、夜、殿さまのとこへ縄持って行って、「さあ捕まえる!」「どうやって捕まえる」って殿さま言ったもんで、一休さんが言うには「殿さま、その屏風から虎を出してくれらぁ、この縄で絶対捕まえてやる」と。そって言《ゆ》ったら殿さまは「んー、なかなか虎が出んが、かならず出るで」「出たら捕まえるから」と言っただって言《ゆ》ったけが、描いた絵だもんで出るわけないだら。で、殿さまはその一休さんの、頓智っちゅうかさ、それに負けて。「すまん。虎は屏風に描いた絵だから出ない。おまえはすごいやつだ」と。

（令和4年7月23日採録）

37　一休さんの頓智《とんち》――屏風《びょうぶ》の虎《とら》㈡

天野　悌延（久保田）

足利将軍がさ、襖《ふすま》へ虎が描いてあって、「その虎が夜中に出て京の町を荒らすで困ってるでこの虎を捕《つか》まえてくれ」って言われて。で、一休さんが頓智をきかせて、「じゃあ捕まえましょう」っつって。ほいで、「私が今からロープとあれを持って捕まえますから、将軍さんこの虎を追い出してください。僕が捕まえます」って言って。将軍さんは意地悪《いじわる》で言ったつもりが反対にね、一休さんに負かされちゃったって。

（令和4年7月9日採録）

38

皆殺《みなごろ》し半殺《はんごろ》し

高橋　志津子（久保田）

「今日お客さん来ただん、ぼた餅作る」って。「皆殺しにする？　半殺しにする？」っつったら、お客さんがびっくりして逃げてっちゃったっていう。

（令和4年7月9日採録）

39　爺《じい》の屁《へ》と婆《ばあ》の柴刈《しばか》り

鈴木　康夫（勝坂）

むかしむかしあるところにおじいさんとおばあさんがありました。おじいさんとおばあさんは、山に柴刈《しばか》りに出かけました。すると、おじいさんは大きなおならを出しました。おばあさんは柴を刈らずに草刈った（臭かった）。

（令和4年5月21日採録）

40　婆《ばあ》の屁《へ》と爺《じい》の柴刈《しばか》り

岩本　和秀（植田）

おばあさんが川に洗濯《せんたく》しに行ったら、桃じゃなくて大きなさつまいもが流れてきたって。「大きなのこっちへ、小さいのあっち行け」。おばあさん、さつまいもの大きなの河原から担いできて、欲深いもんで、「おじいさんが山に行ってる隙に煮て食べましょ」。ほいで茹でて、おばあさん一人で食べったたって。食べ終わったとたんにぶーっと出たって。じいさんは「柴《しば》を刈らずに草刈った（臭かった）」って。

（令和4年5月28日採録）

41 団子《だんご》あげずに餅《もち》あげよ

岩本　和秀（植田）

石の地蔵さんに団子あげて、「どうか願いが叶うように。子どもんなくて」。そしたら地蔵さん言《ゆ》うに「団子じゃなくて餅あげよ」っつって。女性のお尻を持ち上げよってこと。

（令和4年5月28日採録）

伝説

1　灰縄山《はいなわやま》㈠

桐澤　千鶴（勝坂）

あの門桁《かどげた》行く街道に、灰縄《はいなわ》ってゆうとこがあるわけ。常日頃はなんか、秋は紅葉《もみじ》が紅葉《こうよう》して綺麗だけど。

由来はね、なんかね親孝行のね。そこの地域が、口減《くちべ》らしっていうのか、もう働くことが出来ないお年寄りは一人でも少なく、家族がね、しないと生活が大変だもんで。なんかそうゆう風習でね、年取って働くことが出来ないと、灰縄の姥捨山《おばすてやま》っつうかさ、そういう捨てるとこがあるらしいだよ。そこへ、こう背負《せお》って行って、背負子《しょいこ》だかに背負《せお》って行って。そいで捨てるんだって。その風習があって。

だけどその親孝行の息子さんがいてね、とても自分の親じゃんね。親を捨てることが出来ないと思って、そいで家《うち》の中にそのお母さん、おばあちゃんだい、お母さんを隠しとくってゆかね。そうっとしといたらしいだよ。

そうしたら領主っていうかね、大名、その地域で一番偉い人になる人。その人が「灰で縄を編んでこい」って命令が来たんだって。ほいでその村人たちも灰で縄をね、ほんな簡単に出来ないじゃん。「どうしたらいいだら」と思って、そいでそのお母さんに、「こういうことで村人も困ってるし」って言《ゆ》ったら、ほったら私たちもね、しめ縄っての、神さまのところにあるじゃん。あれは、縄をね、こう、擦ってほれで叩いて。そうすとね、いい縄になるだよな。叩いて、そいで硬ぁくして、ほいでこう、しめ縄も編むわけ。そのお母さんが、「まず縄をね、しっかり叩いて、そいで硬ぁくこう編んで、縄に編んで、してそれを焼けば、灰の縄みたいになる」。で、それを領主さんに持ってってたらしいだよ。

そうしたら、その息子さんが正直に「これはどうしてそういうふうにできた」って言《ゆ》ったもんで、正直に、「親をね、姥捨山へ、灰縄へ捨てるのはね、可哀想だもんで、家《うち》にかくまっていた」と。「ほしたら『どうすりゃいいか』ってお母さんに聞いたら教えてくれたよ」ってゆうことでね。ほしたらその領主さんが、そのお母さんを感心して、「そういうことで、いいことしたで」っつってね。その風習がその時点から消えたって。なんで灰縄行って捨てなくても。そんなふうな謂《い》われみたい。

(令和4年6月4日採録)

2 灰縄山《はいなわやま》(二)

森下　静人（野尻）

むかしはね、歳《としー》取ると、山へ捨てられたってかね。だけども、孝行の人が匿《かくま》ってて。で、殿さまが、「灰で綯《な》った縄を持ってこい」っていうことで。んで、その匿ってたお母さんに、したら、「縄を叩いてそうすりゃあ大丈夫だ」ってことね。「それを叩いて、それを焼けば大丈夫」ってことで、殿さまに持ってたら、「見事だ」ってことで褒《ほ》められて、「しかじかこういうことで、母親から聞いた」っちゅうことで、「罰《ばっ》するのはやめよ」と、いうことだって。

（令和4年7月2日採録）

3　桜淵《さくらぶち》の大蛇《だいじゃ》㈠

桐澤　千鶴（勝坂）

なんか野尻《のじり》に、綺麗な女の子がいて、野尻っちゅうとこね。んで、夜になると、そこから男の衆が遊びにくるらしい。そいでお母さんが、その、禁止する。「そういうのはいけないよ」って娘さんに禁止したら、その何人かの男の人の中に一人だけ来る人がいて。それで「あやっぱりこの子は約束守らん」って言《ゆ》って、そいでその頭だかどこかに、針だか何かを刺して、それで針に糸付けて、そいでその帰したんだって。

ほいでそれを辿ってったら、その針さ刺しちゃったもんで、桜淵だかなんだかっちゅうとこで、蛇が血だらけになって、血、真っ赤にして、その淵を。亡くなってたって。

（令和4年6月4日採録）

4　桜淵《さくらぶち》の大蛇《だいじゃ》㈡

尾畑　多慶（野尻）

あそこにね、勝田《かつた》さんってゆう家《うち》に、そこの家《うち》にまあ綺麗《きれえ》なお嬢さんがおりましてね。でまぁ、よく通ってくるもんだから、美男子が、通ってくるもんだから、あるときなんか、家の人がね、ちょっとした針を刺して、それに糸につけて、ずーっとこに、行ったことが、辿《たど》り着いたとこが桜淵だった。そんな話だよね。だからこれは大蛇なのかってゆうことなんだよね。

（令和4年6月18日採録）

5 桜淵《さくらぶち》の大蛇《だいじゃ》㈢

森下　静人（野尻）

あるお宅だけども、毎晩、男の人が、雑談にやって来て、ほいで帰った後を見ると冷たいっちゅうか、ヌルヌルしてるというような感じで。で、お母さんが困って、帰ったときに頭へ針を刺して、ほいで糸を付けてやってったら、次の日に桜淵っちゅうところで、大蛇が死んでたっちゅう話。

（令和4年6月11日採録）

気田川の桜淵

6　たへい淵《ぶち》

森下　静人（野尻）

たへい淵ってね、たへいさんっていう人が、なんかそこで筏《いかだ》流してって、大水《おおみず》のときに渦《うず》、渦巻《うずまき》、鳴門《なると》の渦みたいな、あれに巻き込まれて亡くなったとかって。

（令和4年6月18日採録）

7　手取淵《てとりぶち》

森下　静人（野尻）

材木を流しに行って、そのときに、その手取淵行ったら、河童《かっぱ》のいたずらかなんか手がひょっと出てきたって。

（令和4年7月2日採録）

気田川の手取淵

8　しんず淵《ぶち》

渡邊　定（篠原）

その人は山路《さんろ》の出の人だったんだね。昔は篠原《しのはら》にあれがあったの、地所《ちしょ》があって家《うち》もあったの。それが、あるとき、もう昔だけど、大水《おおみず》で流されちゃったの、家《うち》ごと。そして、それで、そこが大きな淵《ふち》になって、それ以降しんず淵っていう淵の名前に変わって。しんずというのは屋号《やごう》でね。そこがしんず淵。しんず淵って言うともうみんなわかるの。

（令和4年5月28日採録）

9　太刀洗沢《たちあらいざわ》

太向　忠和（赤岡）

私らの家のすぐ東側に、小さな沢が流れてます。で、その沢をね、太刀洗沢というように呼ばれてます。まぁ言われとるつっても、そんなに常に言《ゆ》っとるわけじゃないけどもね。なんで太刀洗沢って言《ゆ》われたのかなってゆうことで、それは、昔、侍《さむらい》がね、刀を洗ったとゆうことから言われてるようです。で、なんで刀を洗ったのかってゆうことをね、ちょっと聞いたところが、なんか娘さんを殺《あや》めたために、洗ったんだとゆうようなことを聞いたように、記憶してます。

（令和4年6月18日採録）

10　清水《きよみず》神社の「神の水」と勝坂《かっさか》の由来

鈴木　茂男（勝坂）

徳川家康が戦いに敗れて、そして、山づたいに奥へ登る途中だったんですね。そいで、その家康という方《かた》が、今言《ゆ》うように、戦に負けてね、だんだんだんだん奥のほうへ、まぁ逃げるっちゅうと言葉が悪いかもしれんが、登ってきて。

そいで勝坂の集落の近くになった頃ですね、女の人が、草を刈っているのを見ました。で、その人に「この付近に、美味しい水の出るところありませんか」っつって言《ゆ》う。「ないかね」ということだ。それで、草を刈ってた女の人が「家《うち》の近くにお宮さんがあって、そこから出る水がとても綺麗《きれえ》で、美味しいですよ」と言《ゆ》う。そいで、「じゃあ、その水が飲みたいから教えてください」と、そう言ったことで。それで勝坂には、清水さんというね、お宮さんがあるけど。あそこへ行くと、今でも水が、こう、出てるわけですよ。その水を教えてやったんですね。そしてその水が美味しかった。

で、「名前はなんちゅう名前ですか」と、こう、女の人に尋ねたら、「私はお勝《かつ》という名前

清水神社の「神の水」

です」と、そうやって言《い》ったら、その家康という人が、「そいじゃ、ここの地名を勝坂という名をつけましょう」ということで、勝坂という今の名が、家康公がくれた名前だと、そんなふうに伝わっているわけですよ。

（令和4年6月4日採録）

11　猪《しし》ヶ《が》鼻《はな》の腰《こし》掛《かけ》石《いし》

鈴木　茂男（勝坂）

しばらく上がったとこにね、ちょっと平《たい》らなとこがあって、で、大きな岩。そこへまぁ腰を掛けて休んだという話は聞いてるけどね。

勝坂《かっさか》に今でも、もちろん昔から流れてる入地《いりじ》ってゆう沢があるですわね。その沢の下をつたってずっと登ってくと、その猪ヶ鼻っていう山へ入るわけですよ。

それで、武田信玄と、それから天野宮内右衛門《あまのくないえもん》ですか、そういう人と、それからあの家康と、まぁ戦いをして、家康がようするに負けて。それで、あの気田《けた》からだんだん登って、山をつたって登って、勝坂から今言う、あの入地の沢のとこから登って、猪ヶ鼻という山の山頂に出て、それから峰づたいに信州に行ったとゆうそういう話やね。

（令和4年7月2日採録）

12　信玄《しんげん》の腰掛石《こしかけいし》

兼堀　信子（赤岡）

勝坂《かっさか》のね、入地山《いりじやま》っちゅう山があるだけどねえ、そこ登ってくとねえ、奥にあったとこにね、こう、ちょっと見晴らしちゅうか、山のあれのとこに石があったのね。そいで、それは武田信玄が、そこへ腰掛けたっていう謂《い》われだっちゅうてね。私ら、遠足に行くときにね、よくそうやってき、聞かされたっけ。信玄の岩だって。

（令和4年7月2日採録）

13　弘法大師《こうぼうだいし》と赤岡《あこーか》の柳《やなぎ》の木《き》

鈴木　勝子（赤岡）

弘法大師が旅してて、休んだとこに、弘法大師が使ってた杖《つえ》を挿《さ》しておいたら、それが柳の木になったたって。今でもあるじゃないかな。

（令和４年６月18日採録）

14

山路《さんろ》の蹴鞠《けまり》（屋号《やごう》の由来）

蹴鞠っていう家《うち》があるんですよ。屋号で蹴鞠っていうんです。そこんとこへね、そこの、お城の姫さまが来て、蹴鞠って、鞠《まり》をついたところがあるんですよ。それで蹴鞠、蹴鞠っていう呼び名になっちゃってる。

大上　和志（山路）

（令和４年５月21日採録）

15　城山《じょうやま》小僧㈠

高橋　志津子（久保田）

七《ひち》人でお仕事に行ったけど、七《ひち》というは昔の衆、数嫌《かずきら》って、藁《わら》人形作って八人にして、山仕事をして。それで「終わった」っつってお人形さんを置いといてみんな帰って来ちゃったもんで、そのお人形さんが山に一人で残されて寂《さみ》しい。だもんで、山へ一人で行くと、城山小僧に連れてかれるっていう話だっけ。

（令和4年7月16日採録）

16　城山《じょうやま》小僧㈡

木下　昂之（河内）

むかしね、城山っていう山で、木材を伐採をする仕事をしてたんですよね。で、ある人数でその山へ伐採に入ったところ、「一人、人数的に足りないよ」ということで、ほで皆さんと相談をして「じゃあ藁《わら》人形でも作って一応小屋の中で生活させよう」とゆうことで、山小屋へ住ませて、一緒に生活していたわけですが、最後に山の仕事が終わったときに、皆さん、てんでに家《うち》へ帰ったわけですが、その藁人形だけその山小屋に残して、連れてくるのを忘れてしまったと。

ゆうことで、その近くの山へ行ったという人たちが、「俺も家《うち》へ帰りたい。帰してもらいたい」とゆうふうな叫び声があったと。そういうことで、まぁ、山に残してきたもんだから、その小僧もその山から「帰りたい」と叫んだとゆう話を聞いたことがあります。

（令和4年6月25日採録）

17　京丸牡丹《きょうまるぼたん》(一)

大上　隆司（山路）

むかし、それこそ源平合戦《げんぺいがっせん》で敗れて、平家《へいけ》があっちこっち逃げ延びたでしょ。そういったのもやっぱり龍山《たつやま》のほうからぐるぐるまわって逃げてきて、山奥のとこに隠れ里《ざと》っていうかたちで住んでるってゆう衆《しゅう》が、平家の落人《おちゅうど》っていう衆だった。で、落人の衆ってのは追われて追われてきてるから、人里《ひとざと》離れたところでこっそりいるってこと、気づかれないようにいるっていう謂《い》われが多いだよ。

それと同じ事《こん》で、奥《おくー》のほうに人里離れた誰にも見つからんところでこっそり生き延びてるってかたちでいたの。そこへたまたま旅人かなんかん来たのかな、道に迷って山入ってきちゃって、そこのとこにたどり着いて。んで倒れちゃったもんで、その人を結局「看病してやらなくちゃ」っつって助けてあげたじゃんね。そしたらそこの娘さん、姫さんだね、その人が、結局同じ集落にいると同じ人しか会わんじゃん。変わった人ん来るとさ、興味持つじゃん。だもんでっていうことで恋仲になっちゃっただいね。ほいで、だけども結局決まりで、よそ者《もの》とは結婚できないよっていう決まりが昔からあるだいね。ましてや平家のあれじゃん。だからそんなことやっちゃいかんとって。だからっつってその二人で「ここから出なくっちゃ。二人で一緒になれない」っつって逃げただいね。そしたらそれを追っかけてきて。で、もう逃げ延びれないと思って、京丸川の中に、滝なのか、池なのか、そういった淵へボションと落ちて亡くなっちゃった。

その二人が亡くなったときに、山の上の所《とこ》に大《おっ》きな大輪《たいりん》の牡丹《ぼたん》の花が咲いたよって。京丸牡丹ってのはその花が咲いたのを見て、二人の魂がそこで花になってるんだっつって。六十年に一度だけ花を咲かせるって。

（令和4年6月4日採録）

18 京丸牡丹《きょうまるぼたん》㈡

桐澤 千鶴（勝坂）

なんかどこか旅人が京丸に来て。そいでその京丸に、立派なお家《うち》に、屋敷だいね。そいでそこに、道に迷ったもんで、泊めてもらっただって。

そうしたら、そのお家《うち》の娘さんが気立てのいい、優しい子で美しかったと思うだよ。そうしたらその好き同士になっちゃっただ。だけども、田舎だもんでね。やっぱり京丸の、よそ人《びと》っちゅうだか、その地域内で結婚する分にはいいけど、よその人とは、京丸の人にはどっかの遠くの人と結婚しちゃいけないっていう、これ禁止なんだって。だけど好きになっちゃったじゃんね。そったらいつの間にかその二人《ふたあり》が、気田《けた》川へ身を投げちゃっただって。身を投げちゃって、今で言う自殺だよね、それをしちゃって。

そしたら、その命日になるとね、その人たちが亡くなった命日になると、京丸牡丹ちゅて、牡丹の花びらが、この川の淵に、ひらひらしくあれしてすごい溜まる。で、それが京丸牡丹ってゆうあれ。

在りし日の京丸の藤原本家屋敷（写真提供：藤原洋子様）

あそこにヤシオツツジがあるだよ。それだと思っていたら、それじゃなくて京丸牡丹っていうって。だけど幻だもんで、見たことはない。それではるか遠くのすごい山の険《けわ》しいとこに、六十年に一回。それ京丸牡丹って言《ゆ》うけど、それが咲くらしい。

（令和4年6月4日採録）

世間話

1　山で化物《ばけもの》に遭遇《そうぐう》した話

市川　いそゑ（植田）

やっぱり蕨《わらび》だか何《なに》か採り行ったのかなぁ、山へ。家《うち》の、お在所《ざいしょ》の横にね、沢があるだけど、その沢のとこで。私、姉が三人いるの。で、三人いて、ほいて私、末っ子だもんで、四人で何《なに》か採り行ったのね、山へ。蕨か何かだと思うよ。ほいたらね、身体《からだ》は人間、顔が動物なの。ほいでね、頭がツルツルしちゃってでね、ゴツゴツなの。ほいで目《めぇ》こやってギョロギョロしてるの。私らんとこ見てるの。ほいで私はまだ小《ちぃ》ちゃいもんで、どのお姉さんだか覚えないだけど、おんぶされてね。ほいて坂道をねえ、どれだけ速く下《くだ》ったかわからんぐらいにね、怖かった。そういう怖い思い出がある。

ほでね、神主のおじいちゃんがねえ、やってたおじいちゃんがねえ、見に行ったじゃん。度胸あるだね。「なんだかわからんが俺が見てくる」って行ってってくれたんだけど、ついいなかっただって。

（令和4年5月28日採録）

2　山で狐《きつね》に化《ば》かされた話

尾畑　多慶（野尻）

八尺坊《はっしゃくぼう》ってゆうね、祠《ほこら》があるんだけどさ、そこを一人でね、見に行って。んで、尾根へ出て、帰ろうと思ったんだね。これがどうしたことか、だんだん見慣れないとこへ入っちゃったんだよね。「さぁてどうしたもんだぞ」って夕日を見ながらね、これがまぁ途中で気づいたんだけどもねえ、あそこに鉄塔がない、ここに鉄塔がない、おかしいこれはおかしいってなって。ほおで、戻って、高い木へ登って、見たわけよね。そしたらやっと浜松のほうが向こうに見えてね。ほおんで気がついたんだけどね。それまでどこへや、行ってるかわからなくてね。ほでえまぁ最終的にはね、元の道へ戻って、家《うち》へ帰ってきたってゆうね。約一時間半ぐらいクルクル回ってた。何やらさっぱりわからなくなっちゃってね。これはこれって。

山でね、だいたい俺山歩きがもうね、ほとんど商売みたいなもんだからさ、こんなとこでね、迷ったってゆうことなかったんだよね。

（令和4年6月11日採録）

3　山道で狐《きつね》に化《ば》かされた話

鈴木　茂男（勝坂）

昔はね、お正月の二日《ふつか》か三日《みっか》ぐらい前になると、まぁここいらの衆とくに背負子《しょいこ》ってゆうの背負《しょ》ってね、それで、お正月のご馳走を買いに気田《けた》っちゅうとこへ出てただね。その気田へ出るにも道が、それこそ昔の衆は本当《ほんと》に、今で言うと獣道《けものみち》みたいな細い道をね、登ったり下りたり登ったり下りたりして。で、植田《うえった》ってゆうとこへ出て、それから植田からまた同じような道を登ったりして気田へ出て、買い物してきただいね。

そんでたまたまそれはうちのおじいさんの話だったけが、お正月に食べる物を買って、そいで昔、背負子っていうね、背負《しょ》ってくるのがあって、それ付けて背負《しょ》ってきた。で、そのときに背負《しょ》ってきたのに、油揚《あぶらあ》げをね、買って、油揚げを背負子にそれを付けてきたと。そしたら途中になったら何かが後ろのほうからゴソゴソゴソ、ついて来るような気がして、「変だな変だな」と思って。で、家《うち》に来て、先に荷物おろして見たところが、油揚げだけなかったって。「あぁ狐にやられただなぁ」って。

（令和4年7月2日採録）

4　石切《いしきり》の姫宮《ひめみや》で幽霊を見た

森下　静人（野尻）

こっちの土建屋《どけんや》の方《かた》が、夜、道路直してたもんで、通れるように。土砂を、それをやってたら、後ろから、白い服着た女の人が歩いてきたって。それだもんで、「ちょっと待っててよ。今、かいちゃったら通れるようにするで」っつって、ずーっとやってかいちゃって、「どうぞ」って言おうと思ってひょっと後ろ向いたら、もう消えちゃっていなかったたっちゅう。

（令和4年7月2日採録）

5 京丸《きょうまる》の埋蔵金《まいぞうきん》

下村 菊雄（平木）

出てくるかわからんけが、徳川の埋蔵金を埋めてあるらしいってゆうとこも、やっぱり、あってさ。それ、やっぱり俺も、その近くまで行ったっけがさ、やっぱこう古い、刀とか槍《やり》を納《おさ》めてあるっぽいように、弄《いぜ》ったかないもんで。やっぱりそこ行くとこう、ザーッとさむぼろ浮いてくるもんでさぁ。ほんだもんであんまりそば行かんだよ。

（令和4年7月16日採録）

6　塚《つか》の祟《たた》り

桐澤　千鶴（勝坂）

まだ子どもの頃に、自分の家《うち》の横のほうに、ちょっとした、その、なんちゅうの、高台があったの。そいで子どもって、もうそういうの構わないもんで、その中行って遊んだことがあったの。そしたら親に「あそこは入っちゃいけないよ。身体《からだ》が痒《かゆ》くなるよ」って言《ゆ》われて。それで「本当《ほんと》に痒くなるのかなぁ」と思って入ったことあるだよ。何の気なしに。そしたら本当《ほんと》に痒くなったの。「ほんとだぁ」と思って。だけど、きっとね、それが昔のどこかの誰かのお墓だったと思うだよ。だけどそんなこと知らないもんで、「あそこ入っちゃいかんよ、あそこ入ると痒くなるよ」って親に言《ゆ》われて、「本当《ほんと》にそんなふうに痒くなるわけないじゃん」と思って入ったら、本当《ほんと》に痒くなったような気がして。そういうことってあるのかなぁと。

（令和4年6月4日採録）

7　久保田《くぼた》の七人塚《しちにんづか》

本多　ふみえ（久保田）

家《うち》のね、お在所《ざいしょ》のお墓もね、前の田んぼにあるだんね。七人塚ってあるの。これっくらいのね、とこだけど、そこに塚があって。七人塚って昔のね、武士のね、武士が七人《しちにん》亡くなって、あすこへ埋《い》けてあるらしいだよ。そいだん、私らも手を付けたことないだよ。隅《すみ》か草刈るつっちゃ刈ってね、手を切ったりなんだりするね。なんかあるね、あすこは。絶対あすこは。

ほいでね、田んぼの真ん中に石崖《いしかけ》あっただよね。そこに私ら登《のぼ》ったり座ったりしたけどね。そうしたら、私の弟の娘だよね、そこへ登《のぼ》って遊んで、そしたら何《なに》か障《さわ》ってね、そいで磐田行って拝んでもらったことある。

あの田んぼもね、よその衆が作ると、なんか家《うち》の衆がどうかするだって。そいで、お寺へあげちゃって、瑞雲《ずいうん》さまへね、その田んぼを。何《なに》かそこを作る、お米作ると、なんかあるもんで、その作った家《うち》の衆がどうかするもんで、ほいで、お寺へ、瑞雲さまへあげちゃっただよね、その田んぼを。ほいで、それから寺田《てらだ》、寺田って言うけど、家《うち》のお在所で作ってると、わりあいなんともないだよ。なんだかわからんね。

（令和4年7月9日採録）

8　蛇《へび》の祟《たた》り㈠

高橋　志津子（久保田）

この山であった出来事で、おじいさんが鉄砲で狩りに出て、鹿を撃とうと思ったら、鹿を追って来た蛇、こうやって首を上げて蛇が追って来たのを、鹿を撃たずに蛇を撃っちゃったの。その蛇が、ちょうど人立ったぐらいに、こうやってやって追って来たのを、撃ったもんで、死んじゃったわけね。転《ころ》がって谷底《そこ》へ落ちて行ったって。そいでその撃った人が家《うち》帰ってきたら、そっちの家《うち》の家族が、お腹を痛めて、痛がって苦しんで苦しんでいちゃって。

そんでおじいさんが死んだときに、お葬式をやるでしょ。そのときに、こう、ご飯の白いお鉢、昔は、お釜で炊いてお櫃《ひつ》っちゅうのへ移すもんで、ほいで蓋《ふた》しとくと、お葬式んときに食べようと思ったら、赤い蟻《あり》んこがいっぱいで。ご飯も食べれんけど、煮物をしても、精進料理《しょうじんりょうり》、全部蟻おるで。そいでここの家《うち》とか、そこにも一軒家《うち》があって、そこの家《うち》とか、隣家でなんかやってお葬式を納めたってゆうくらいだもんで。

（令和4年7月16日採録）

9　蛇《へび》の祟《たた》り㈡

本多　ふみえ（久保田）

おじいさが、狩りをしていて、鉄砲持ってて、なんかこの沢奥で、狩りに行ってたところが、鹿を追って、なんか昔はわりあい大きな蛇がいたみたいね。蛇が追ってきたもんで、それを鉄砲で撃っちゃったらしいだよね。鉄砲で鹿を撃つつもりか、蛇を撃つつもりかわからんけど、蛇に当たって、丸くなって下へ落ちていったと蛇が。ほいで、鉄砲で撃って蛇が下へ落ちたけど、鹿は捕《と》らないで、ほいで、猟を終えて家《うち》へ帰ってきたら、そのおばあさとゆうが、もうお腹を病んでたと。「すごく痛い」っつって転《ころ》がりまわって、お腹を病んでたと。

そいで、その鉄砲持ってたおじいさが、いつ亡くなったかわからんけど、言い伝えでわからんけど、亡くなったときに、もうお釜の中の、お葬式のときの釜の中に、蟻《あり》だらけで、食べれなんだっていう話だいね。

（令和4年7月16日採録）

10　鈴木家《すずきけ》のご神鏡《しんきょう》

鈴木　勝子（赤岡）

昔、近所に住んでいたおじいちゃんが、突然というか急に家からいなくなっちゃったんだって。それでみんな心配して、大変なってることで、村の人が大勢出てね、そこらいろいろな場所を探いたんだけど、探いていたら、みんながあまり行かないような場所にいたんだって。そいで、やっとその思いで、連れて帰ってきて。見つけたもんで。

そしたら今度は家《うち》帰ってきたら今度はね、跳《と》んだり跳《は》ねたり、なんか変な仕草《しぐさ》をして。困っちゃったもんでみんながね。そしたら、やっぱり村中でいろんなことをやったんだろうね、心配して。で、まぁ、家《うち》にこれが昔っから、神棚に飾って置いてあったんだ。それ持って、おじいちゃんの家《うち》へ持ってって、おじいちゃんが静かに寝てるときに、それを枕元に置いておいたら、やっぱみんなで拝んだだろうね、きっと。神棚に置いてあったもんで、いい物《もの》だと思って。そしたらね、だんだん落ち着いてきて。で、おかしなことが少なくなったって。

（令和4年6月18日採録）

言い伝え

1　植田《うえった》のお稲荷《いなり》さまの霊験《れいげん》

喚田　恵子（植田）

私も行ったけどさ、お稲荷さんっちゅってね、すぐそばにあるの。そいで、失《な》くなると、とんで行くだよ。ほいで行きながらね、そっち向いて拝むの。ほいで、失くした物言《ゆ》って、生年月日を言《ゆ》って、そで名前を言《ゆ》って、そいでね、「出たらお礼に来ます」って言《ゆ》って。

油揚《あぶらあ》げ持ってくの、お稲荷さんだもんだから。だけど獣《けもの》が来るじゃん。だもんでねえ、私は五百円を置いてくるだよ。油揚げ分。ほうすとかならず出る。

（令和４年５月28日採録）

植田のお稲荷さま

2　久保田《くぼた》のお稲荷《いなり》さまの霊験《れいげん》

天野　好子（久保田）

ここのお稲荷さんは結構ね、みんな、物を失《な》くすと、どっかへ、やっちゃったとかわからんくなって、「どっかへ失くしちゃった」って言うと、そこ、お稲荷さんへ拝みに行くんですよ。「探してください」って。で、結構ね、見つかるんですよ。それで、それが見つかったらお礼にお揚げをやりに行く。

（令和4年7月16日採録）

久保田のお稲荷さま

3　里原《さとばら》のお稲荷《いなり》さまの霊験《れいげん》

松本　好虎（里原）

物の無くなったのは、息子の印鑑《いんかん》だっけで。あれが中学一年ぐらいだったな、帰りに、学校の。三六二号線が工事中で、舗装《ほそう》もなんにもしてないときにね、ここを通って家《うち》へ来たら、「印鑑がない」と。「どこで落とした」って言ったら、「たしか、あそこまではあったよ」っちゅうもんでさ、そこまであったっちゅうもんで、「ほじゃ、そこんとこでおまえ落といただか」って、「見てくりゃあいい」ってさ。二人で行って、探《さが》しまわったときはついわからずにいて。

そいじゃあ、昔から、お稲荷さんに頼んでね、探してもらおうかって、迷信頼りに、一応連れてって息子を。

里原のお稲荷さま

ほいで二人で拝んで、探しにまた戻ったら、そうしたらね、その探したとこ、ここらへん落としたっちゅうとこを最初探いて、つい見つからずにいて。お参りしてっから行って探いたら、そこに印鑑あっただよ。こりゃあ不思議だと。それは昔から聞いてたお稲荷さまでね、物が失くなったりなんかしたら、拝みなさいって、言われてたもんで、やったしことだもんで、こりゃあ効き目があるぞっちゅうことになって、ほいで、それは解決しただんね。

（令和4年7月9日採録）

4　里原《さとばら》のいぼ神《がみ》さま（一）

栗崎　克之（里原）

雨水が石の上へ溜まって、その水を付けるといぼが取れたっていう。現実的に取れてるのよみんな。

（令和4年7月9日採録）

里原のいぼ神さま

5　里原《さとばら》のいぼ神《がみ》さま㈡

酒井　てる（里原）

ここのあれ、石にちょっと窪《くぼ》みがあってね、「その水をね、採ってきて付けてくればいい」っつってね、付けてやってお願いしたけどね。

（令和4年7月9日採録）

6　里原《さとばら》のいぼ神《がみ》さま㈢

大石　利雄（里原）

いぼ神さまっつって、みんな拝みに行って、いぼ取れたって言《ゆ》う。お水を分けてもらって、つけると治るってなぁ。

（令和4年7月9日採録）

7　平木《ひらき》の耳の神さま

下村　菊雄（平木）

この下に、耳の神さまみたいなのあってさ。何《なん》ていう神さまだかはよく知らんけん。やっぱりそこ、今でもあるけぇが、そこ行くと穴の開いた石がいっぱいあるだよ。それでなんかこうすると中耳炎《ちゅうじえん》とか何《なに》かが治るっつって。すぐ近くだけんね、もう歩いても行けるようなとこだんさ。

（令和4年7月16日採録）

8　びんずる峠

尾畑　多慶（野尻）

そこのびんずる峠の、びんずるさまは、火傷《やけど》したときにね、拝んで。拝み行くと、すると、だいたい良くなるって。

（令和4年6月18日採録）

9　三日花《みっかばな》

渡邊　定（篠原）

お花の木はね、香《こう》の花っていうだけどね。山にあるだけども、そのやつを、まあ今では畑に香の花を植えてある年寄りもあるだよね。それをね、家《うち》なんかにはないもんでね、お花を採りに山へ行ってくるの。そして、今日採ると、採ってきて一晩おいて明日《あした》の日に仏さまなり何かに祀るのがいい。そして今日採ってきて明日《あした》、明後日《あさって》っていうと三日《みっか》になるじゃんね。その三日花は嫌うって。

（令和4年5月28日採録）

10　三日葉《みっかば》

桐澤　千鶴（勝坂）

嫁に来てから教《おし》わったことはね、「三日葉は駄目だよ」って言《ゆ》われて。そいで、こう田舎なもんだから、山へ採りに行くじゃん。あの、榊《さかき》を。うち神道だから。で、採りに行って。そいでその日もダメなんだって。結局どうしてかっていうと、亡くなった人はね、待ってるわけじゃないから。「亡くなった」って言《ゆ》うと、近所の人が榊を採り行くじゃん。ほしてそれを祀るわけじゃん。だからその日の物もいけない。ほいで三日目もダメだと。三日目はなんでダメなのかね。ほんでもう今日採ったら明日《あした》かならずお供えする。そういうふうに言《ゆ》われて。三日葉はダメって言《ゆ》われて。どうしても何かの都合で三日目になっちゃうときあるじゃん。そういうときは四日まで待つ。そんなことあったね。そういうことは教《おし》わったね。やっぱり嫁いでからだね。

（令和4年5月21日採録）

11 夜干《よぼ》しの禁忌《きんき》

亡《な》くなった人のって夜干すだらね。んだもんでだら。「夜干しもダメ」って言われた。

桐澤　千鶴（勝坂）

（令和4年5月21日採録）

12 死人参《しにんじん》

人と書くじゃんね。人参の「人《にん》」は。それが四月になると「四人参《しにんじん》」になるって。「死人《しにん》」になるでダメだって。三月中に蒔《ま》けって。

渡邊　定（篠原）

（令和4年5月28日採録）

13　死《し》に牛蒡《ごんぼう》

山田　俊子（山路）

四月に蒔《ま》くと、ちょうど十月か十一月ごろにね、収穫できるだよ。その、四月に蒔《ま》くと、「死に牛蒡《ごんぼう》」っつって、その家《うち》の人が亡くなるとか。そのお葬式にさ、精進料理っていうか、人参《にんじん》や牛蒡や椎茸《しいたけ》なんかを煮て出すじゃん、お客さんに。それに間に合うようにできちゃうもんで、蒔いちゃいかんって言《ゆ》うだいね。

（令和4年7月2日採録）

14　卯《う》の日に種《たね》を蒔《ま》いてはいけない

山田　俊子（山路）

カレンダー見るとさ、子丑《ねうし》なんかってあるじゃん。あの干支《えと》。それの、卯の日、うさぎの日。うさぎの日には種を蒔いちゃいかんってね。「うさぎ食べちゃう」っつって、よく。「卯の日はね、種蒔いちゃいかん」っつっちゃあよく言《ゆ》う。

（令和4年5月21日採録）

15　茄子《なす》の苗《なえ》を植えるときの禁忌《きんき》（一）

茄子の通りには茄子を植えて、茄子と茄子のあいさに何か植えたりね、しちゃいかんってことだいね。「茄子分《わ》けちゃいかん」って昔から言《ゆ》うね、それは。不幸が起きるって。

山田　俊子（山路）

（令和4年7月2日採録）

16　茄子《なす》の苗《なえ》を植えるときの禁忌《きんき》（二）

里芋《さといも》とお茄子を一緒に植えちゃいかんって。なんかその家《うち》に不幸があるとかなんとか。

岩本　うめ（赤岡）

（令和4年6月11日採録）

17　二月二日《ふつか》の豆撒《まめま》き

坂下　和良（篠原）

普通は二月三日《みっか》に撒くじゃんね、朝。家《うち》によっちゃあねえ、その前の日、前の日に鬼をね、追い払っちゃうんさ。そうすとよその家《うち》に行《い》くじゃん鬼が。二月二日の、まぁ朝だか夜とかそれちょっと時間的にあれだけどねえ。二月の二日にね、鬼を追っ払っちゃうと、そうすとよその家《うち》に行ってってくれるもんで、っていう、あれでねえ。二月の三日じゃなくて二日に、追っ払っちゃう。

（令和4年5月28日採録）

18　盆《ぼん》には河原《かわら》へ行ってはいけない

高橋　志津子（久保田）

今と違って夏は川で遊んだり、魚釣《つ》り行ったり、いろいろ仕掛けて魚獲《と》ったりってゆうことを昔の子どもはしたもんで、そいで流されて亡くなったりして、いろいろ霊があるわけね、気田川に。そうするとお盆に、やっぱお盆の時期だもんで、河童《かっぱ》が足を引きずる、引きずりって連れてくで、「お盆はあんまり河原行っちゃいかんよ」ってゆことは言ってるわけ。

（令和4年7月16日採録）

地域解説

宮川《みやがわ》（一）

地域と集落の概要

島津　華梨

宮川の歴史

宮川は大字を構成する五つの集落すべてが気田川沿いに位置し、下流から順に河内《こうち》、高瀬《たかせ》、久保田《くぼた》、里原《さとばら》、平木《ひらき》と続く。これら五つの集落を合わせて二三九世帯、五五二人が暮らしている（令和四年一〇月一日現在）。

明治二二年（一八八九）に施行された町村制によって、気田《けた》村、宮川《みやがわ》村、豊岡《とよおか》村、石切《いしきり》村、小俣京丸《おまたきょうまる》村が合併し気多《けた》村となった。しかし、この合併は村民に望まれたものではなく、宮川村は豊岡村とともに強く独立を主張したという。合併の際に新たな村名が「気多」村となったのも、一段と声の大きかった宮川村の「気田村」にはなりたくないという抵抗の意思を汲んだ結果であった。『周智郡誌』にはこの新村名に関して、「今村落の大小を論せば宮川村第一に居る、即ち之れを推さざるべからず」との記述がある。かつて気田郷の一部であった宮川村ではあるが、合併以前、宮川で生活する人々にとって隣接する気田は、あまり近い存在ではなかったのかもしれない。宮川の住民のなかには、気田に近い久保田からでも犬居《いぬい》地区の若身《わかみ》まで買い物へ出る人がいたという。宮川の集落は久保田や里原、河内を中心に気田川沿いの地形を活かした生活を営んできた。気田川を通じた交流によって、気田の繁栄以前から存在した宮川と気田川下流地域との継続した関係がうかがわれる。

久保田《くぼた》

久保田は宮川の中心として繁栄してきた集落である。王子製紙気田工場が稼働していた明治から大正にかけて、気田川には「サッパ船《せん》」と呼ばれる船底の浅い木造の小型船が行き交っていた。サッパ船は王子製紙の気田工場で製造された紙を載せて気田川をくだり、帰りには物資を積んで気田川を遡った。気田川を遡る際には、力のある人が縄で船体を曳きあげていたという。久保田や隣接する里原はサッパ船に乗って気田川を往来する水夫や商人たちの中継地として賑わいをみせた。船を曳きあげる作業は大変な力仕事であったため、気田川の川岸には休憩場所としての茶店が開かれ、サッパ船に乗ってやって来る人々を迎え入れたという。やがて大正になると、王子製紙気田工場の廃業によってサッパ船の往来が減少し、茶店も姿を消した。しかし、久保田が気田川の水運の中継地であることは変わりなく、茶店が姿を消す頃と前後して日用品を売る店が開かれた。その後、久保田には商店が立ち並ぶようになり、昭和三〇年頃から平成の初め頃にかけては食料品や酒、鮮魚、衣類や雑貨を取り扱う店が並んだ。暮らしに必要なものは一通りこの商店街で買い揃えることができたという。久保田の商店街は里原や高瀬から買い物に来る人たちでも賑わった。

里原《さとばら》

里原は久保田の対岸に位置する集落である。かつて気田川沿いの陸路は久保田側を通っていたため、対岸の里原はいわば陸の孤島状態であった。里原の人々は大正一一年（一九二二）に久保田と里原を繋ぐ吊り橋が架けられるまで、気田川を船で渡るか、あるいは浅瀬に渡された板橋を歩いて対岸の久保田や気田へと通った。しかし、吊り橋は歩いて渡る程度のものであり、月日の経過とともに劣化してゆく。昭和の初め頃に一度、吊り橋の改修が行われたものの、度々落下による死亡事故が発生した。昭和四八年（一九七三）に完成した久里《くり》崎《さき》橋は、橋からの落下事故によって身内を亡くした人が周囲に声を掛け合ったことで新たに建設されたものである。久里崎橋の完成後、安全性の向上とともに橋幅が広くなり、里原には自動車が入れるようになった。

昭和五四年（一九七九）になると、久里崎橋を拠点として気田バイパスが開通する。このバイパスは久保田から気田を通って篠原《しのはら》までを繋いだ。バイパスが開かれるまで、車の主要路としての役割を担ったのは県道二六三号線であるが、道幅が狭いことによる気田付近での渋滞や、雨によって度々起こる土砂災害など、様々な問題を抱えていたという。そのため、気田バイパスの開通は住民の交通面での利便性を大きく高めた。

高《たか》瀬《せ》

高瀬は春野町の行政の中心である。昭和三二年（一九五七）に気多村が春野町に合流し、新しい春野町が誕生した際、町役場の新設をめぐって町民の意見は紛糾した。合併以前まで個々の町村として発展を遂げてきた旧熊切村や旧気多村、旧犬居町がそれぞれ自町村に町役場を誘致することを主張したのである。そうした混乱を抑えるために、文字どおり地理上の「中心地」として選ばれたのが高瀬であった。この決定は所在地争いをしていた三地区の話し合いによって下されたものではなく、当時の静岡県知事の裁定によるものであった。そのため、新春野町の町民に大きな衝撃を与えたという。

かつての高瀬は集落の土地が気田川よりも低く、水害を受けやすいことから田畑は少なかった。沼地にもなりやすかったことで「鯰《なまず》の寝床」と呼ばれることもあったという。気田川の中継地としての役割を果たした久保田や里原、河内とは違って、筏流しや水運による人の来訪も少なかった。高瀬では、川と関わるよりも、山仕事によって生計を立てる人が多かったようである。しかし、町役場が建設されて以来、周辺には消防署や森林組合が置かれ、文化センターも建設されたことによって、春野町の中心としての役割を担うようになった。

河内《こうち》

河内は集落に沿って熊切川が東から西へと流れ、ちょうど気田川と合流するまでの谷間で生活が営まれてきた。熊切川の両岸には山の傾斜が迫ることから、十分な耕地の確保が難しい。そのため、河内では水田の畔で粟や稗を作り、狭小な農地ならではの工夫をしながら生活を営んできた。

犬居から熊切を経て川根《かわね》に至る県道二六三号線が昭和二四年（一九四九）に開通する以前、河内の熊切川沿いに開かれた馬力道は、犬居や熊切の人々の往来に利用されていた。この道を通じた河内と熊切との交流は盛んであり、とくに山での木材の伐採や熊切川での「川狩り」などの仕事では、熊切の人々と組んで行われることが多かったという。

平《ひら》木《き》

平木は戦前、人口に対して田畑が少ない集落であった。昭和二二年（一九四七）に食料増産や就労確保を目的として熊切の五和《ごわ》で開拓が始められると、五和とは尾根伝いに隣接する平木でも開拓の機運が高まる。翌昭和二三年（一九四八）には集落上部の山地で開拓事業が開始された。

山の上にあった開拓地と平木の旧集落を繋ぐために、開拓は急な勾配に道路を建設するところから始められた。当時、農地の開拓は国策事業の一環であったため、道路の建設作業は国の主導によって行われた。入植者たちはこの建設作業に参加することで当面の現金収入を確保することができたが、急ごしらえで造られた道路は大変な悪路であったという。「稲妻道路」と称されたこの道は、昭和三九年（一九六四）に新たな道路が開設されるまで使用され、開拓者たちに多大な苦労を強いた。過酷な環境下での開拓に疲弊し、平木を離れる世帯も存在したという。

それでも開墾地での農作物は土壌が良くなるにつれて、主食を目的とした雑穀類から唐辛子やニンニクなどの換金作物へと変化した。その後、開拓組合の主導により葉タバコの栽培が開始され、ある程度の成功を収めるようになった。さらに、開拓地での農作物の主力は葉タバコから茶へと移り、昭和四八年（一九七三）には共同製茶施設が開拓地に新設された。しかし、農業による収入のみでは生計を立てることが難しく、男性が近隣の工場などに働きに出る家庭が多かった。そのため、開拓地での農業は女性たちが担ってゆくこととなる。

平木では同じような開拓集落である五和や、県内の開拓地との交流が活発であった。静岡県が主導した農業や畜産などの研修が開拓地同士の顔合わせの機会になったようである。それぞれの地域の開拓が軌道に乗った後も開拓地域合同のスポーツ大会が開催されるなど、その交流は続いた。苦労して開拓した土地への愛着は強く、平木では現在でも住民の多くが開拓時代の記憶を語り継いでいる。

宮川《みやがわ》（二）

産業と暮らし

永田　絵美梨

久保田《くぼた》の木馬曳《きんまび》き

宮川の中心地である久保田は、気田川の畔に豊かな水田が広がる。かつては商店も立ち並び、宮川のなかでは経済的に豊かな集落であったといえる。それでも農業だけでは生活が厳しい家庭もあり、そうした家庭では林業やシイタケの栽培など山の仕事に生活の糧を求めてきた。

久保田の林業で特徴的といえば木馬曳きである。木馬曳きそのものは、かつては春野町の各地でも行われていたが、昭和四〇年頃から林道が整備・拡張され、山林の奥までトラックが入るようになると、木馬曳きは急速に姿を消していった。『広報はるの』昭和五〇年二月号によれば、この頃、春野町では久保田だけが木馬曳きを続けていたという。現在でも「木馬といえば久保田」と懐かしむ人たちがいる。

久保田の木馬曳きは、秋葉山《あきはさん》の東北の斜面から伐り出した木材を、早川沢《はいかざわ》に沿って敷かれた約四㎞の丸太の軌道上を曳き、早川沢と気田川の合流地にある貯木場まで運び降ろした。重く積み上げた木材を急な斜面から滑らせるように運び降ろす木馬曳きは危険な仕事であったが、農業だけでは十分な生活が成り立ちにくい家庭にとっては重要な収入源とされてきた。しかし、木馬曳きは毎日できるような仕事ではなく、山主からの依頼がなければ仕事にならない。久保田には木馬曳きの熟練者が多かったといわれ、春野町のなかで最後まで木馬曳きが続けられていたのも、そうした高い技能を持つ人たちの活躍があってのことだろう。

木馬の山道には、木馬曳きの男性たちが休憩を取るための山小屋が何カ所かあった。山小屋の中には囲炉裏があり、男性たちはそこで茶を沸かして飲んだり、持ってきた弁当を食べたりした。木馬曳きの仕事が終わると、男性たちは久保田の「柳澤商店」の一角にあった酒場で酒を飲んだという。仕事終わりに酒場に寄ることは彼らの日課でもあったようだ。山小屋での休憩や仕事終わりの酒の場では、仕事の話だけでなく、山にまつわる伝説や久保田の里での世間話が語られていたのかもしれない。

河内《こうち》と熊切《くまきり》川の川狩《かわが》り

気田川と熊切川の合流点に位置する河内は、熊切川の両岸に山が迫り、田畑に適した土地が少ない。そのため多くの家庭では農業よりも林業に従事して生計を立ててきた。河内の男性たちは、熊切川の上流にある熊切の山林に入って木材を伐採する。その際、長蔵寺《ちょうぞうじ》の男性たちと「組」を作ることが多かったという。「組」はおよそ五人一組で、そのなかのベテランが「親方」として組を率いた。

熊切の林業で特徴的といえば川狩りである。熊切川は川幅が狭く水量も少ないため、木材を筏に組んで流すことができなかった。そこで梅雨入りからの川が増水する時期を選んで、激しい川の流れに乗せて木材を一気に押し流す「川狩り」が行われた。熊切川を流されてきた木材は気田川との合流点である渡島《どじま》の貯木場に集められて、筏に組みなおされる。そこから先は専門の筏師たちによって気田川から天竜川へと下り、木材の集積地である中野町《なかのまち》（浜松市東区中野町）まで運ばれた。川狩りのときには熊切の男性たちも河内までくだってきて、仕事が夜遅くまで長引いた日は河内の民家に宿泊して翌朝に熊切へ帰っていったという。

昭和三〇年頃から道路の整備が急速に進行し、木材の運搬にトラックが利用されるようになると、河内でも川狩りは次第に見られなくなった。

河内のなかでも熊切川と気田川の合流地に近い八王子《はちおうじ》は、犬居《いぬい》から熊切へ向かう街道の入口でもあり、戦前には街道沿いに木下源五郎商店、奥山商店、松井商店などが立ち並んでいた。木下源五郎商店は衣料や雑貨、小間物、文房具や菓子などを販売し、奥山商店は旅館と飲食店を営んでいた。とくに松井商店では米穀や食料品、塩や煙草など専売品を販売する他、筏を組むのに欠かせない藤蔓の売買もしていたという。木下源五郎商店と奥山商店は戦後に廃業したが、新たに沢奥商店が開業した。沢奥商店では立ち飲みスタイルで酒を販売し、山仕事の男性たちや河内製材の従業員たちが仕事終わりに立ち寄ったという。昭和四四年（一九六九）に春野下泉停車場線（県道二六三号線）の拡幅工事が始まり、昭和五五年（一九八〇）に全面舗装道路となった。この拡幅工事によって八王子にあった商店は移転を余儀なくされ、店を閉じたという。

河内では前述のように林業を通して熊切や長蔵寺との交流が多かった。川狩りで河内へくだってきた長蔵寺の男性たちは河内の民家に泊まり、あるいは仕事終わりに奥山商店や沢奥商店で酒を飲んでゆくこともあった。河内には熊切地区から嫁いできた女性も多い。長蔵寺に伝わる「親投洞《おやなぎどう》」の伝説や、長蔵寺から和泉平《いずみだいら》へ上がる山道で目撃された「狐の嫁入り」などの世間話は河内でもよく語り継がれている。

平木《ひらき》のダーバン

昭和三〇年代からの高度経済成長に伴い春野町でも人口の流出が問題となってきた。この問題に対して春野町は、町内における雇用の確保を目的として昭和四五年（一九七〇）二月に「春野町工場振興条例」を制定した。この施策によって、美甘製作所（四五年六月）、京浜金属工業（四五年七月）、永田部品製造（四五年一〇月）、ダーバン春野ソーイング（四五年一一月）、ハルノナイロン（四六年六月）などが相次いで町内に設立・操業する。

とくに平木に設立された高級紳士服ブランドの「ダーバン」は、開業当初、すでに五三人の従業員を町内から採用した。その多くは女性で、新規に雇用された従業員数は町内に誘致された企業のなかでも最多である。従業員として採用された女性たちは、平木の工場が完成するまでの期間、仇山《あだやま》公民館で縫製の技術研修を受けた。操業開始から二年後の昭和四七年（一九七二）、ダーバンの従業員数は一二八人にまで増加し、そのうちの八六％にあたる一一〇人を女性労働者が占めるようになっていた。

春野町では、昭和四五年二月の「春野町工場振興条例」の制定とともに同年八月には「春野町過疎地域振興計画」を策定した。この計画に基づき昭和四七年に気田保育所、四八年（一九七三）に犬居保育所、四九年（一九七四）に熊切保育所、五〇年（一九七五）には豊岡保育所と北保育所が開所する。日中に幼児を預けることができるようになると工場で働く女性の数はさらに増加した。ダーバンは昭和四九年に従業員数が一七〇人を超え、最盛期の昭和五六年（一九八一）には一九六名となる。そのうちの八五％にあたる一六六人が女性であった。平木から離れた杉や川上、熊切、犬居から通勤する従業員のために送迎バスが運行された。

ダーバンは当時の春野町の主婦たちにとって現金収入を得られる貴重な働き場所であった。しかし労働環境は厳しく、縫製の流れ作業に影響が出るという理由で従業員は子どもの授業参観を禁じられたほどであったという。そうした厳しい環境でも女性たちがダーバンで働き続けたのは、他の働き口よりも高給で安定していたからである。営林署で働く夫よりも高給であったと回想する女性もいる。主婦がダーバンで働くことにより家庭全体の収入は安定し、生活水準の向上によって新車を購入したり、古くからの自宅を新築・改装する家庭も増えた。生活様式が一気に変化したという。子どもを高校や大学に進学させる家庭も増加した。ダーバンでは年に二回の慰安旅行のほか、クリスマス会やバレーボール大会が開催され、従業員たちにとっては親交を深める機会となっていた。

昭和四五年から始まった春野町における企業誘致は町内での雇用を創出させることに成功した。町内の就業者数は着実に増加したが、それでも人口は減少する一方であった。町内の工場で働くのは家庭の主婦たちが大半で、中学校や高校を卒業した若者たちは町外に就職し、町を離れてしまったからである。『広報はるの』昭和四七年八月号によると同年三月に中学校を卒業した生徒一八六名のうち町内に就職したのはわずか一名であった。昭和四九年には遂に〇名となる。春野町が計画した工場誘致は人口流出の問題を完全に解決するには至らなかった。それでも春野に残る人たちの生活の向上という点において、ダーバンをはじめとする企業や工場の果たした役割は大きかったといえる。

平成三年（一九九一）、ダーバンは操業を停止した。現在、工場のあった場所には三階建ての集合住宅が建てられている。

豊岡《とよおか》（一）篠原、山路・赤岡、林業と暮らし

中澤　明音

篠《しの》原《はら》

昭和一五年（一九四〇）、当時の帝室林野局により気田《けた》森林鉄道の基点として篠原に貯木場が建設された。貯木場ができる以前の篠原は一面に水田が広がる集落であったという。かつては稲作と林業を兼業する家庭がほとんどであった。しかし、貯木場を建設する際に、それまで杉《すぎ》川沿いに広がっていた水田の多くは埋め立てられた。帝室林野局の気田出張所は水田の地権者らと賃貸借契約を結び、当初のうちは米の収穫時期にあわせて本来の収穫量に相当する米を現物で地権者たちに納めていたという。しばらくして終戦前後からの食糧難の時代になると米で納められていた賃貸料は現金へと変わり、納期も年度末へと移行した。戦後、林業が最盛期を迎える昭和三六年（一九六一）、気田営林署は貯木場の拡張（水田の埋め立て）にあわせて、それまで賃借していた土地をすべて買い上げ、地権者たちにはまとまった地代が支払われたという。

昭和三五年（一九六〇）、門桁《かどげた》国有林から篠原貯木場へ木材を運んでいた気田森林鉄道が廃止され、木材はトラックによって搬出されるようになる。トラック輸送のために小石間《こいしま》隧道が拡幅され、その際に排出された大

量の土砂も篠原の水田に埋め立てられた。水田を埋め立てたことによって生まれた土地は、さらに貯木場の一部として利用されるようになった。

平成二〇年（二〇〇八）、篠原貯木場の土地は民間に売却され、貯木場としての役割を終えた。現在では貯木場の跡地にメガソーラーシステムのパネルが一面に立ち並び、その広大さにかつての繁栄を偲ぶことができる。

篠原といえば、操業一〇〇年を超えた共同茶工場の存在も特筆しておきたい。

大正七年（一九一八）、篠原屈指の素封家として知られた渡辺家を中心に一五軒の茶農家が丸原《まるはら》共同社という茶工場を設立した。周辺の集落にはまだ共同製茶場がなく、仇山《あだやま》や気田《けた》、平木《ひらき》などの茶農家もこの茶工場を利用したという。現在の茶工場は昭和二五年（一九五〇）に建て替えられた木造建築の建物と、平成一六年（二〇〇四）に道路の拡幅工事によってさらに一部を改築することで完成した鉄筋建築の建物から運用される。木造建築の建物には、水力で茶工場を稼働させていた時代の機材や水車も残されている。この茶工場は平成三〇年（二〇一八）に操業一〇〇周年を迎え、現在も稼働している。歴史ある茶工場は篠原のシンボルであり、住民の誇りとして篠原に根ざしている。

山路《さんろ》・赤岡《あかおか》

山路と赤岡は山の急斜面に位置し、そのため耕地が少ない。米を作ることのできた家はほとんどなく、大半の家庭が山の畑で麦や粟、稗などの雑穀を栽培し、日々の主食としていた。生活の向上につながるような産業に恵まれなかった山路、赤岡では、篠原の貯木場や気田の製材所に勤めに出る人も多くいた。日雇いの山仕事に従事する人も多く、炭や藤蔓を気田の町へ売りに行くことで副収入としていた。それでも生活は厳しく、炭を詰める炭俵も家ごとに菅や茅で編んで自作し、それも生計の足しにしたという。炭焼きや藤裁ち、俵編みなどは子どもから高齢者まで家族全員で行った。そうした暮らしは昭和三〇年頃までどこの家庭でも見られた。

山路と赤岡は、森町《もりまち》から杉《すぎ》へ訪れる行商人たちが往来した街道筋の集落でもある。この道は杉街道や門島街道とも呼ばれ、気田、金川《きんがわ》から山路、赤岡を経て杉峰《すぎみね》までの尾根道を登り、高杉《たかすぎ》、門島《かどじま》街道まで続いていた。赤岡の街道沿いには昭和の初め頃まで茶店が営まれ、行商人たちを相手に茶や餅などが売られていたという。赤岡や山路では椎茸や芋がら、こんにゃく芋、ニワトリやウサギ、ヤギなどを行商人に売り、それも現金収入にしていた。鈴木勝子さん（赤岡）が語る「弘法大師と赤岡の柳の木」の伝説は、弘法大師がこの尾根の街道を越えてきたイメージを伝えるものだろう。

山路、赤岡を通る街道は、昭和三〇年頃まで木材の搬出にも利用されていた。杉峰のあたりで伐採された木材は、杉川まで曳き下して川に流す（川狩り）よりも、荷馬車に積まれて尾根道をくだり、金川の貯木場まで運び出されたという。昭和三二年（一九五七）、杉川沿いに県道二八号線（静岡春野天竜線）が整備され、気田と杉、川上を自動車で行き来できるようになると、山路、赤岡の尾根道を利用する人はほとんどいなくなった。

林業と暮らし

昭和一一年（一九三六）に気田森林鉄道の金川～植田《うえった》間が開通し、帝室御料林（後の国有林）から伐り出された木材の運送に鉄道が使用されるようになった。しかし、民有林からの木材の搬出には森林鉄道を使うことができなかったため、当時はまだ気田川での川狩りが行われていた。

昭和一三年（一九三八）、気田川に豊岡堰堤と発電所が建設されると、川の流れが堰き止められ、川狩りができなくなってしまった。そこで、民有林からの木材の運搬に発電所の水路が利用されるようになった。いったん気田川へ流し出した木材を門桁《かどげた》にある豊岡堰堤で水路の取水口に流し込み、そこから植田の豊岡発電所まで流す。水路は山の中をくり抜いたトンネルで幅五・五mから六・五m、高さは四・五mほどもあり、全長は八kmにも及ぶ。豊岡発電所から気田堰堤までの三〇〇mほどは気田川を流し、ふたたび気田堰堤の取水口からトンネル式の水路に流し入れ、金川の気田発電所まで送る。こちらもトンネルの全長は四・二kmもある。そうして金川の貯木場まで木材を搬出したのである。トンネル式の水路を利用した木材の搬出は、川狩りと比較するとより早く運搬することが可能になり、作業に必要な人数も減らすことができたという。それでもトンネルの中で木材がつかえることもあり、そうしたときには、丸太五本ほどを筏に組み、その筏に三人の作業員が乗って水路の中へ入った。彼らは懐中電灯の灯りのみを頼りに水路の中を進み、トンネル内の障害物を取り除いた。この作業はとても危険な仕事であったため、作業員の日当は普段の倍になったという。

気田森林鉄道の金川〜植田間の敷設に際して開かれたのが小石間隧道である。小石間隧道ができる前は、植田・野尻側から篠原、気田へ出るには赤岡の山道を越えなければならなかったが、隧道の開通により、植田から気田への買い物や通学にかかる時間が一時間ほども短縮されたという。しかし、本来、小石間隧道は森林鉄道用に建設されたので、人間が徒歩で通行するには少々危険な面もあった。隧道の中には明かりが一切なく、そこを通る人々は壁を伝い、恐る恐る歩いたという。また、幅も狭かったため森林鉄道の車輌が通る際には、通行人は壁側に寄って避ける必要があった。そうした危険性にも関わらず、小石間隧道の便利さは画期的であり、とくに植田側に暮らす人々にとっては重要な生活の道となった。

昭和一五年（一九四〇）に金川〜御料林間の軌道が完成したことにより、気田川と杉川の合流地点に位置する篠原に貯木場が建設される。その後、篠原は森林鉄道の起点となり、豊岡の林業の中心となった。昭和二二年（一九四七）に帝室林野局が廃止され、それまでの名古屋支局気田出張所は東京営林局気田営林署に改組・改称された。気田営林署で働く人々は、木材の伐採だけでなく、森林鉄道の運行、貯木場の管理など様々な仕事に携わった。

昭和二六年（一九五一）、気田森林鉄道の全区間が完成した。当初のトロッコ列車は三輛編成だったが、エアブレーキが搭載されてからは八輛編成になった。森林鉄道は本来、木材の運搬専用だったが、最後尾に小型の客車（定員五名程度）を連結することができ、営林署の職員や関係者、その家族などは優先的に乗車できた。当初は沿線の住民が無断で運材台車に便乗し、事故の発生も多かったため、実際には営林署が融通を利かせ、沿線の住民も利用することができたという。後には運材台車二輛を使ったボギー型の客車が製作され、最大で約二〇名を乗せることができた。生活物資と人の運送を可能にした気田森林鉄道は、特に豊岡の奥地に位置する勝坂や門桁に暮らす人々にとって便利な交通手段となった。また、急病人の輸送が必要な場合には特急が手配され、山に暮らす住民の救急車としての役目も果たしたという。気田森林鉄道は昭和三五年（一九六〇）に廃止されるまで豊岡の林業を支えるとともに、住民の生活にも寄り添った存在だった。

豊岡《とよおか》(二) 勝坂、植田・野尻、桜淵の大蛇

奥　理咲子

勝《かっ》坂《さか》

春野町の最奥に位置する勝坂は、竜頭山《りゅうとうざん》（一三五二ｍ）、ボンジ山（一二九三ｍ）、入地山《いりじやま》（八九〇ｍ）に囲まれた気田川の上流の集落である。勝坂の人々は川岸の平地に水田を拓いたが、それは生活の糧にできるほどの生産量ではなかった。農業による安定した生活を見込めない勝坂で、人々の暮らしを支えたのは、集落を取り囲む山林である。山主は世帯数の一割程度に過ぎなかったが、そうではない人も木材の伐採や運搬によって現金収入を得てきた。

勝坂から気田川を遡った先の門桁《かどげた》（水窪町）に広がる国有林（戦前は御料林）では、昭和のはじめ頃から営林署（戦前は帝室林野局）によって大規模な官営林業が行われていた。門桁と篠原《しのはら》の間には全長およそ三三㎞に及ぶ気田森林鉄道が稼働し、その中間に位置する勝坂には門桁の国有林で木材の伐採に従事する人や、森林鉄道の運行に携わる人など、営林署の業務に関係する人々が多く暮らしていた。県外から門桁の国有林へ働きに来る人も多く、家族を連れて勝坂へ移り住む人たちもいた。集落には酒や菓子、日用品などの雑貨を販売する商

店が二軒あり、魚や野菜などの生鮮食品を扱う行商人も訪れたため、生活に必要な物のほとんどは集落内で買い揃えることができた。仕事や行商で勝坂を訪れた人たちは坂本屋という旅館に宿泊したが、坂本屋では林業に従事する男性たちも日々の仕事終わりに酒を飲んだりしていたという。

勝坂には浜松市の無形民俗文化財に指定された勝坂神楽が伝えられている。勝坂の八幡神社に所蔵される慶長六年（一六〇一）の棟札（『春野町の社寺棟札等調査報告書』所収）には「奉造営　南宮大明神社頭一宇」「神人祢宜森山之源助并右近尉神楽男子各々諸願成就」とあり、当地の南宮大明神の社殿が造営された際、神楽が奉納されたことが記録されている。この神楽が勝坂神楽のことであるとされている。

勝坂神楽は五穀豊穣や子孫繁栄を願って毎年一〇月下旬（現在は第四日曜日）に催される。二頭の獅子頭を中心に「オネリ舞」と呼ばれる道中舞を舞いながら公民館から清水神社、八幡神社へと練り歩く。清水神社と八幡神社では幌《ほろ》舞と幣《ぬさ》舞が奉納される。舞手たちは女装し、獅子頭も女物の着物を纏うのが勝坂神楽の特徴である。かつては勝坂だけではなく他所からも大勢の見物客が訪れ、神社の境内から溢れるほどであったという。

神楽の練習は祭事の一週間前から行われる。夜七時に公民館へ集まり、練習自体は二時間ほどで終わるが、その後には酒席が設けられた。祭事の前日から当日、そして片付けまでの三日間は集落の婦人たちによって食事や酒の肴が準備され、集落の人たちの親睦の場となっていた。神楽は勝坂の人々にとって大切な神事であると同時に待ち遠しい娯楽でもあった。新たに集落へ移り住んだ人々も神楽に参加し、彼らにとっても準備や片付けを含めた神楽の期間は集落の人々と親睦を深める機会になったという。

植田《うえった》と野尻《のじり》

平成のはじめ頃まで植田には酒・食料品店、鮮魚店、雑貨店、呉服店、理髪店、美容院などが軒を連ねていた。農協の支所や簡易郵便局も置かれ、集落内で金融の手続きや荷物の送付も行うことができた。昭和三〇年代、呉服店は自家用のバスを所有し、毎年、植田の人々を旅行へ連れて行っていたといい、その繁盛ぶりがうかがえる。植田は長きにわたって豊岡における暮らしの中心地であった。気田川沿いに開けた土地はもともと水田にも恵まれ、農業的にも豊かであった。昭和になると気田の営林署に勤務する人も多く、経済的に安定した家庭が多い地域であるといえるだろう。また、昭和五五年（一九八〇）に豊岡小学校が気田小学校へ統合されるまで、植田には一〇〇年以上にわたって小学校が置かれ豊岡の教育の中心地としての役割も担っていた。

江戸時代後期に編纂された『掛川誌稿』によると「一村二組ニシテ、庄屋二人アリ、上ヲ植田ト呼ヒ、下ヲ野尻ト呼フ」と書かれているように、植田と野尻は、もともと一つの村でありながら、気田川を隔てて別々の「組」を形成していた。「植田ハ四十戸、野尻ハ三十九戸アリ」と書かれているから組の大きさも同じくらいの規模である。明治になって植田の寺院と野尻の檀家との対立があり、野尻は集落ごと寺院を離れて神道に改宗したとされる。かつて野尻の子どもたちと植田の子どもたちは気田川をはさんで石を投げ合ったといい、両集落の関係は複雑であった。このような集落の関係は野尻に伝わる「桜淵の大蛇」の伝承背景として重要な手掛かりとなるだろう。

桜《さくら》淵《ぶち》の大蛇《だいじゃ》

野尻には気田川の桜淵にまつわる蛇聟入《へびむこい》りの伝説が伝わる。

昔、野尻の勝田家の娘のもとへ毎晩のように一人の男が対岸の植田から通ってきた。男が娘の家を訪れた後にはきまって床が濡れていた。不審に思った娘の母親は男の正体を探るために、別れ際、糸を通した針を男の頭にそっと刺し、男の行方を追ってみることにした。すると糸を辿った先には、気田川の桜淵で大きな蛇が頭から血を流して死んでいた。

この伝説は、蛇聟入りの中でもいわゆる「苧環型《おだまき》」と呼ばれる話型に分類される。苧環型の蛇聟入りは『古事記』や『日本書紀』に記された三輪山の大物主の神の神話として知られ、伝説や昔話としても日本各地に伝わっている。

野尻に伝わる「桜淵の大蛇」では、男に化けた大蛇の通った家が野尻に実在する勝田家とされることに特徴がある。また、大蛇の男が野尻の対岸に位置する植田から通って来たという設定もどこか現実味がある。

勝田家の現当主によれば、勝田家は江戸時代から野尻に屋敷を構え、野尻の勝田姓のなかでも本家にあたるという。『春野町の社寺棟札等調査報告書』によると、江戸時代末期の文久元年（一八六一）の熊野神社の棟札には、この年に熊野大権現として社殿を造営したことが記され、「祭主森山神主」の「鈴木石見正」とならんで「氏神守」として「勝田安蔵代」の名前が見られる。勝田安蔵は現在の勝田家の先祖にあたり、野尻とは少し離れた勝坂の森山に住む鈴木神主に代わって、日ごろには氏神を祀る役割を担っていたようである。現当主の祖父の代までは直階の階位（神職の階位の第五位）を持ち、神主を補佐して熊野神社の祭祀にあたっていたという。つまり、蛇の男が通ってきた娘の家は野尻において「神に仕える家」だったことが注目されるのである。よく似た例として水窪町上村に伝わる蛇聟入りがある。詳しくは『北遠の災害伝承―語り継がれたハザードマップ―』(二本松康宏監修、青木ひめの・青島萌果・小川日南・川嶋結麻・米川沙弥・松井佐織編著、三弥井書店、二〇二一年)に載る「上村の蛇聟入り」(米川沙弥)も参照していただきたい。

野尻と対岸の植田とは、前にも述べたように、もともと一つの村でありながら気田川を隔てて別々の「組」を形成していた。明治六年(一八七三)には国策の神社合祀によって野尻の熊野神社と金刀比羅神社は植田の八幡神社に合祀された。しかし、野尻側からの異議は大きく、協議の末に明治一九年(一八八六)には熊野神社と金刀比羅神社は野尻に復旧した。こうした神社の変遷からも、野尻と植田との複雑な関係と、野尻の人々の植田からの強い独立志向がうかがわれるだろう。男に化けた大蛇が植田から通ってきたとされるのも、そうした野尻と植田との対立した関係性が示されているのかもしれない。

桜淵には植田から尻津沢《しりつさわ》(通称、しんず沢)が流れ込み、気田川の豊富な水と合わせて深い水が淀んでいた。伝説の舞台となった桜淵はウナギやコイなどが棲みつく大きな淵だったという。しかし、昭和一三年(一九三八)に電力の確保を目的として気田川上流に豊岡堰堤が建設されると気田川の水量は減少した。さらに県道三八九号水窪森線が開通する際に桜淵の一部が埋め立てられたことによって、大蛇が棲んでいたようなかつての深い淵の面影は見られなくなってしまった。

「桜淵の大蛇」は、野尻に古くからある家が神に出仕していた事実や、野尻が対岸の集落である植田と複雑な関係性であったという二集落の歴史が織りなした伝説であるといえよう。

◆話者一覧◆

整理番号	氏名	生年	年齢	性別	現住所	出身地	採録話	掲載番号	伝承に関わる備考
1	青山澄子	昭和5年	92	女	赤岡	砂川	兎と亀㈢	昔話29	
2	天野好子	昭和29年	68	女	久保田	久保田	久保田のお稲荷さまの霊験	言い伝え2	
3	天野悌延	昭和29年	68	男	久保田	気田	舌切り雀	昔話8	小学生の頃に聞いた。
							とろかし草	昔話17	
							一休さんの頓智―飴は毒	昔話33	
							一休さんの頓智―屏風の虎㈡	昔話37	
4	市川いそゑ	昭和22年	75	女	植田	水窪町門桁	山で化物に遭遇した話	世間話1	自身の体験談。
5	岩本うめ	昭和8年	90	女	赤岡	領家	茄子の苗を植えるときの禁忌㈡	言い伝え16	
6	岩本和秀	昭和13年	85	男	植田	植田	婆の屁と爺の柴刈り	昔話40	植田の男性たちの間では知れ渡っている話。
							団子あげずに餅あげよ	昔話41	
7	大石利雄	昭和7年	91	男	里原	里原	里原のいぼ神さま㈢	言い伝え6	
8	大上和志	昭和10年	87	男	山路	山路	山路の蹴鞠（屋号の由来）	伝説14	幼少期に祖母からよく山路の伝説や言い伝えを聞いた。
9	大上貴枝	昭和8年	89	女	山路	田黒	桃太郎㈢	昔話3	
10	大上隆司	昭和37年	60	男	山路	山路	一寸法師	昔話4	幼少期に祖母から昔話を聞いていた。
							瘤取り爺	昔話7	

							鼠の相撲	昔話9	
							笠地蔵	昔話10	
							鶴の恩返し	昔話12	
							浦島太郎	昔話13	
							雪女	昔話14	
							京丸牡丹㈠	伝説17	
11	尾畑多慶	昭和11年	86	男	野尻	野尻	桃太郎㈠	昔話1	「狐に化かされた話」は自身の体験談。「桜淵の大蛇」は野尻の勝田家の描写があり、野尻内では有名な話。
							桜淵の大蛇㈡	伝説4	
							山で狐に化かされた話	世間話2	
							びんずる峠	言い伝え8	
12	兼堀信子	昭和15年	82	女	赤岡	勝坂	信玄の腰掛石	伝説12	
13	木下昂之	昭和17年	81	男	河内	河内	城山小僧㈡	伝説16	祖母から聞いていた。
14	桐澤千鶴	昭和19年	78	女	勝坂	久保田	灰縄山㈠	伝説1	「灰縄山」は勝坂に嫁いだ後に教えてもらった。「夜干しの禁忌」は親から聞いた。「塚の祟り」は実家の近くにあった塚。「久保田の七人塚」と同じか。
							桜淵の大蛇㈠	伝説3	
							京丸牡丹㈡	伝説18	
							塚の祟り	世間話6	
							三日葉	言い伝え10	
							夜干しの禁忌	言い伝え11	
15	栗崎克之	昭和9年	88	男	里原	里原	里原のいぼ神さま㈠	言い伝え4	
16	栗崎宣勝	昭和17年	80	男	久保田	久保田	一休さんの頓智―このはしわたるべからず㈠	昔話34	
17	酒井てる	昭和6年	91	女	里原	杉	里原のいぼ神さま㈡	言い伝え5	

18	坂下和良	昭和26年	71	男	篠原	篠原	二月二日の豆撒き	言い伝え17	篠原では二日に豆撒きをする家と三日に豆撒きをする家がある。
19	柴田武司	昭和26年	71	男	河内	森町	かぐや姫	昔話5	子どもや孫によく昔話を話していた。
							藁しべ長者	昔話11	
							節分の由来	昔話19	
							猿蟹合戦(一)	昔話20	
							雀とガッチ	昔話23	
							十二支の由来(一)	昔話24	
							尻尾の釣り	昔話26	
							蟻とキリギリス	昔話31	
							一休さんの頓智―このはしわたるべからず(二)	昔話35	
							一休さんの頓智―屏風の虎(一)	昔話36	
20	下村菊雄	昭和24年	73	男	平木	平木	京丸の埋蔵金	世間話5	「京丸の埋蔵金」は自身が実際に京丸へ行った時の話。
							平木の耳の神さま	言い伝え7	
21	鈴木勝子	昭和20年	78	女	赤岡	浜松市	弘法大師と赤岡の柳の木	伝説13	
							鈴木家のご神鏡	世間話10	
22	鈴木けさえ	昭和3年	94	女	勝坂	高杉	花咲爺	昔話6	
							雉も鳴かずば撃たれまい	昔話16	
							猿蟹合戦(二)	昔話21	

							雀の孝行と燕の不幸	昔話22	
							オオカミ少年	昔話32	
23	鈴木茂男	大正12年	99	男	勝坂	勝坂	清水神社の「神の水」と勝坂の由来	伝説10	
							猪ヶ鼻の腰掛石	伝説11	
							山道で狐に化かされた話	世間話3	
24	鈴木昇	昭和23年	74	男	篠原	篠原	兎と亀(一)	昔話27	幼少期に祖母から昔話を聞いていた。
25	鈴木康夫	昭和14年	84	男	勝坂	勝坂	十二支の由来(二)	昔話25	
							爺の屁と婆の柴刈り	昔話39	
26	太向忠和	昭和19年	78	男	赤岡	赤岡	因幡の白兎	昔話18	「太刀洗沢」は若い頃に年長者から聞いた。
							太刀洗沢	伝説9	
27	太向恵枝	昭和23年	75	女	赤岡	川上	兎と亀(二)	昔話28	
28	高橋志津子	昭和14年	83	女	久保田	領家	米埋糠埋	昔話15	教訓に関する昔話は久保田へ嫁いでから集落の人に聞いた。
							熊の忠告	昔話30	
							皆殺し半殺し	昔話38	
							城山小僧(一)	伝説15	
							蛇の祟り(一)	世間話8	
							盆には河原へ行ってはいけない	言い伝え18	
29	中田たかえ	昭和2年	96	女	赤岡	田黒	桃太郎(二)	昔話2	幼少期に母親から昔話を聞いていた。

30	本多ふみえ	昭和5年	92	女	久保田	久保田	久保田の七人塚	世間話7	
							蛇の祟り(二)	世間話9	
31	松本好虎	昭和7年	91	男	里原	里原	里原のお稲荷さまの霊験	言い伝え3	自身の体験談。
32	森下静人	昭和20年	77	男	野尻	野尻	灰縄山(二)	伝説2	「石切の姫宮で幽霊を見た」は酒の席で聞いた友人の体験談。
							桜淵の大蛇(三)	伝説5	
							たへい淵	伝説6	
							手取淵	伝説7	
							石切の姫宮で幽霊を見た	世間話4	
33	山田俊子	昭和19年	78	女	山路	兵庫県	死に牛蒡	言い伝え13	現在でも言い伝えを守っている。
							卯の日に種を蒔いてはいけない	言い伝え14	
							茄子の苗を植えるときの禁忌(一)	言い伝え15	
34	喚田恵子	昭和16年	81	女	植田	植田	植田のお稲荷さまの霊験	言い伝え1	
35	渡邊定	昭和10年	87	男	篠原	篠原	しんず淵	伝説8	「しんず淵」は祖父から聞いた。「三日花」は近所の人から聞いた。
							三日花	言い伝え9	
							死人参	言い伝え12	

岩本和秀さん
（植田）

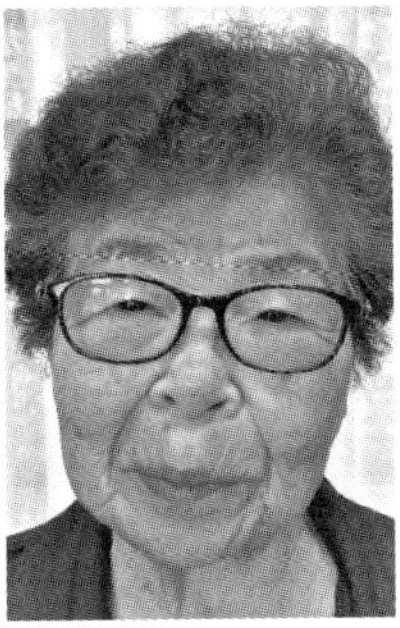
岩本うめさん
（赤岡）

天野悌延さん
（久保田）

青山澄子さん
（赤岡）

大上隆司さん
（山路）

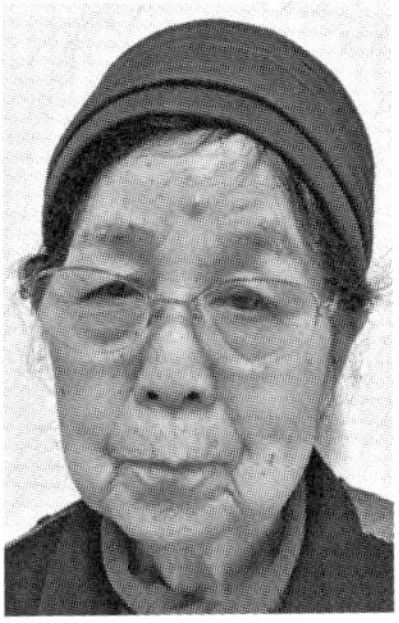
大上貴枝さん
（山路）

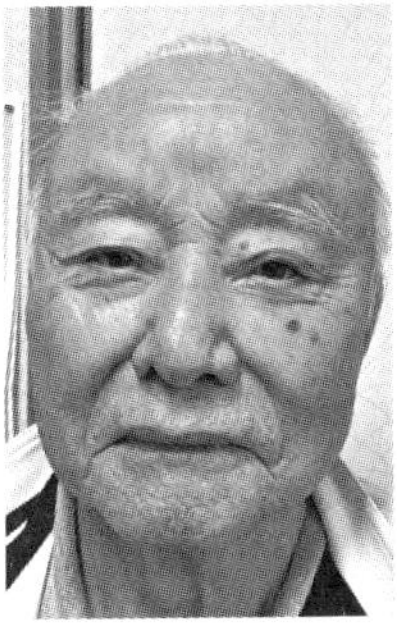
大上和志さん
（山路）

大石利雄さん
（里原）

桐澤千鶴さん
（勝坂）

木下昂之さん
（河内）

兼堀信子さん
（赤岡）

尾畑多慶さん
（野尻）

坂下良和さん
（篠原）

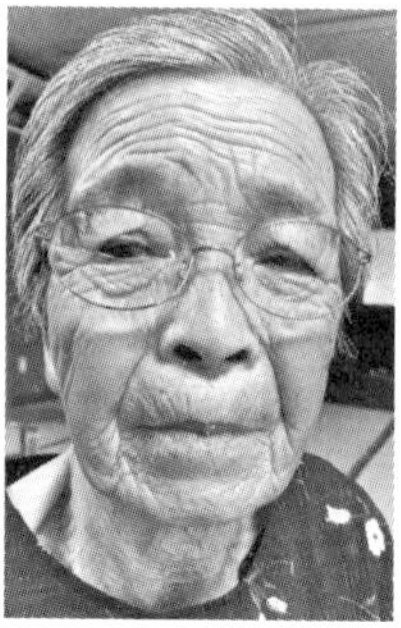
酒井てるさん
（里原）

栗﨑宜勝さん
（久保田）

栗﨑克之さん
（里原）

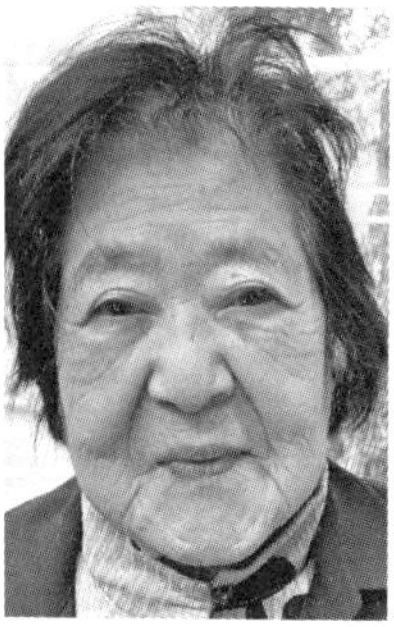
鈴木けさえさん
（勝坂）

鈴木勝子さん
（赤岡）

下村菊雄さん
（平木）

柴田武司さん
（河内）

太向忠和さん
（赤岡）

鈴木康夫さん
（勝坂）

鈴木昇さん
（篠原）

鈴木茂男さん
（勝坂）

本多ふみえさん
（久保田）

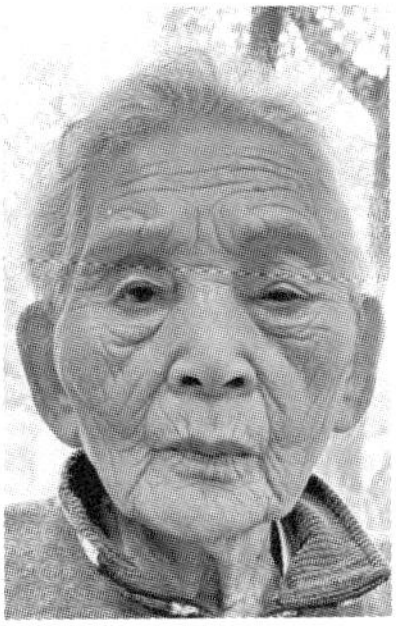
中田たかえさん
（赤岡）

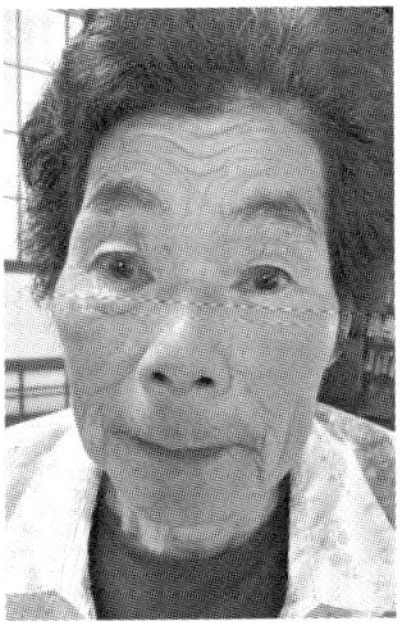
高橋志津子さん
（久保田）

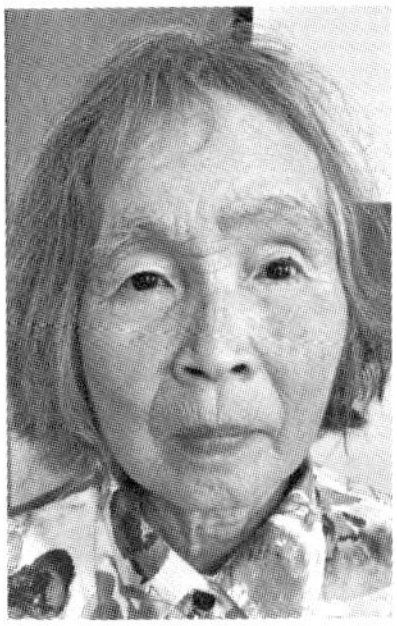
太向恵枝さん
（赤岡）

渡邊定さん
（篠原）

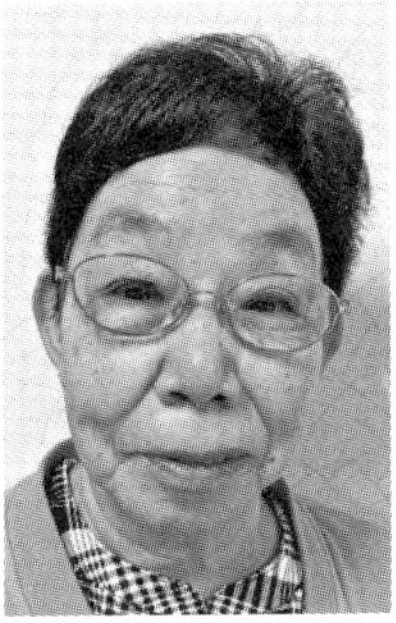
山田俊子さん
（山路）

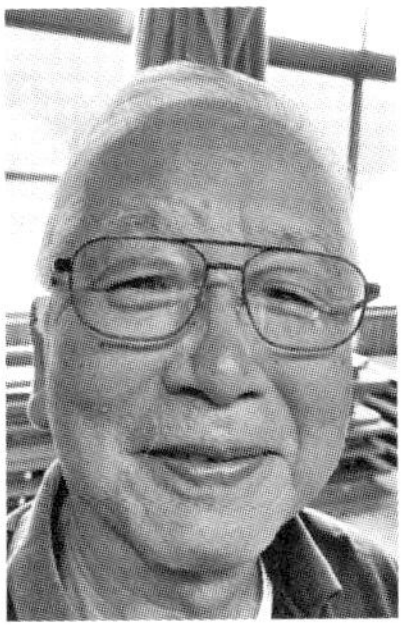
森下静人さん
（野尻）

松本好虎さん
（里原）

◆話型一覧◆

掲載番号	題名	話者	日本昔話通観	日本昔話大成	Aarne-Thompson type index	日本伝説大系	備考
	昔話						
1	桃太郎㈠	尾畑多慶	一二七「桃太郎」	一四三「桃の子太郎」	cf.五一三A		
2	桃太郎㈡	中田たかえ	一二七「桃太郎」	一四三「桃の子太郎」	cf.五一三A		青い桃の描写あり
3	桃太郎㈢	大上貴枝	一二七「桃太郎」	一四三「桃の子太郎」	cf.五一三A		青い桃の描写あり
4	一寸法師	大上隆司	一三七A「一寸法師―鬼退治型」	一三六B「一寸法師・聟入型」	七〇〇		
5	かぐや姫	柴田武司	一三〇「竹娘」	一四六「竹姫」			
6	花咲爺	鈴木けさえ	三六四A「犬むかし―花咲か爺型」	一九〇「花咲爺」	一六五五		
7	瘤取り爺	大上隆司	四七「こぶ取り爺」	一九四「瘤取り爺」	五〇三		
8	舌切り雀	天野悌延	八五「舌切り雀」	一九一「舌切雀」	四八〇		
9	鼠の相撲	大上隆司	三六七「鼠の相撲」	笑話新二六「鼠の相撲」	cf.一一二		
10	笠地蔵	大上隆司	四二A「笠地蔵―来訪型」	二〇三「笠地蔵」			
11	藁しべ長者	柴田武司	九六「藁しべ長者」	一五五「藁しべ長者」	一四一五、一六五五		
12	鶴の恩返し	大上隆司	二二九A「鶴女房―離別型」	一一五「鶴女房」			
13	浦島太郎	大上隆司	七四「浦島太郎」	二二四「浦島太郎」	cf.四七〇、四七一	三「浦島太郎」	
14	雪女	大上隆司	二三四「雪女房」	笑話新五「しがま女房」（参考）	一三六二		

15	米埋糠埋	高橋志津子	一九五「米埋め籾埋め」	二〇五B「米埋糠埋」			
16	雉も鳴かずば撃たれまい	鈴木けさえ	四〇七「長柄の人柱」	本格新四六「長良の人柱」		一六五「人柱Ⅱ」	
17	とろかし草	天野悌延	二二三「とろかし草」	四五二「とろかし草」	cf.六二二		
18	因幡の白兎	太向忠和		動物新六「兎と亀」	五八		鮫ではなく鰐
19	節分の由来	柴田武司					
20	猿蟹合戦(一)	柴田武司	五二二A「柿争い-仇討ち型」	二七A「蟹の仇討」	二二〇		臼の描写のみ
21	猿蟹合戦(二)	鈴木けさえ	五二二A「柿争い-仇討ち型」	二七A「蟹の仇討」	二二〇		
22	雀の孝行と燕の不幸	鈴木けさえ	四五四「雀孝行」	四七A「雀孝行」			
23	雀とガッチ	柴田武司	四五四「雀孝行」	四七A「雀孝行」			
24	十二支の由来(一)	柴田武司	五四三「十干支の起こり-鼠の狡猾」	三「十干支の由来」	二七五		
25	十二支の由来(二)	鈴木康夫	五四三「十干支の起こり-鼠の狡猾」	三「十干支の由来」	二七五		
26	尻尾の釣り	柴田武司	五三五B「尻尾の釣り-仕返し型」	二B「尻尾の釣り」			
27	兎と亀(一)	鈴木昇	五四五B「しらみとのみの競争-居眠り型」	三九「亀にまけた兎」	一〇七四、cf.一二三		しらみとのみではなく、兎と亀
28	兎と亀(二)	太向恵枝	五四五B「しらみとのみの競争-居眠り型」	三九「亀にまけた兎」	一〇七四、cf.一二三		しらみとのみではなく、兎と亀

29	兎と亀㈢	青山澄子	五四五B「しらみとのみの競争―居眠り型」	三九「亀にまけた兎」	一〇七四、cf.一二三		しらみとのみではなく、兎と亀
30	熊の忠告	高橋志津子		動物新一五「熊の忠告」	一七九		
31	蟻とキリギリス	柴田武司					
32	オオカミ少年	鈴木けさえ					
33	一休さんの頓智―飴は毒	天野悌延	六〇三「和尚と小僧―飴は毒」	五三二「飴は毒」	一三一三		
34	一休さんの頓智―このはしわたるべからず㈠	栗﨑宜勝	八二五「難題話―この橋渡るな」				
35	一休さんの頓智―このはしわたるべからず㈡	柴田武司	八二五「難題話―この橋渡るな」				
36	一休さんの頓智―屏風の虎㈠	柴田武司	八二三「難題問答―虎をしばれ」				
37	一休さんの頓智―屏風の虎㈡	天野悌延	八二三「難題問答―虎をしばれ」				
38	皆殺し半殺し	高橋志津子	九二六「半殺し本殺し」	四一五「本殺し半殺し」	cf.一六九八		
39	爺の屁と婆の芝刈り	鈴木康夫	一一七〇「草刈った」	三九〇「草刈ろう」			
40	婆の屁と爺の芝刈り	岩本和秀	一一七〇「草刈った」	三九〇「草刈ろう」			
41	団子あげずに持ちあげよ	岩本和秀					

	伝説						
1	灰縄山㈠	桐澤千鶴	四一〇A「姨捨て山-難題型」八一八「難題話-灰縄」	五二三A「親棄山」	九八一	一七「姥捨山」	
2	灰縄山㈡	森下静人	四一〇A「姨捨て山-難題型」八一八「難題話-灰縄」	五二三A「親棄山」	九八一	一七「姥捨山」	
3	桜淵の大蛇㈠	桐澤千鶴	二〇五A「蛇婿入り-針糸型」	一〇一A「蛇聟入・苧環型」	四二五A、四三三A	一七一「蛇聟入（苧環型）」	
4	桜淵の大蛇㈡	尾畑多慶	二〇五A「蛇婿入り-針糸型」	一〇一A「蛇聟入・苧環型」	四二五A、四三三A	一七一「蛇聟入（苧環型）」	
5	桜淵の大蛇㈢	森下静人	二〇五A「蛇婿入り-針糸型」	一〇一A「蛇聟入・苧環型」	四二五A、四三三A	一七一「蛇聟入（苧環型）」	
6	たへい淵	森下静人					
7	手取淵	森下静人					
8	しんず淵	渡邊定					
9	太刀洗沢	太向忠和					
10	清水神社の「神の水」と勝坂の由来	鈴木茂男					
11	猪ヶ鼻の腰掛石	鈴木茂男				八三「腰掛け石」	
12	信玄の腰掛石	兼堀信子				八三「腰掛け石」	
13	弘法大師と赤岡の柳の木	鈴木勝子				三二「杖立銀杏」	

14	山路の蹴鞠（屋号の由来）	大上和志					
15	城山小僧㈠	高橋志津子		本格新四四「藁人形の建てたお宮」（参考）			
16	城山小僧㈡	木下昂之		本格新四四「藁人形の建てたお宮」（参考）			
17	京丸牡丹㈠	大上隆司				一六八「平家谷」	
18	京丸牡丹㈡	桐澤千鶴				一六八「平家谷」	
	世間話						
1	山で化物に遭遇した話	市川いそゑ					
2	山で狐に化かされた話	尾畑多慶					
3	山道で狐に化かされた話	鈴木茂男					
4	石切の姫宮で幽霊を見た	森下静人					
5	京丸の埋蔵金	下村菊雄					
6	塚の祟り	桐澤千鶴					
7	久保田の七人塚	本多ふみえ				九六「七人塚」	
8	蛇の祟り㈠	高橋志津子					
9	蛇の祟り㈡	本多ふみえ					
10	鈴木家のご神鏡	鈴木勝子					

	言い伝え						
1	植田のお稲荷さまの霊験	喚田恵子					
2	久保田のお稲荷さまの霊験	天野好子					
3	里原のお稲荷さまの霊験	松本好虎					
4	里原のいぼ神さま ㈠	栗崎克之					
5	里原のいぼ神さま ㈡	酒井てる					
6	里原のいぼ神さま ㈢	大石利雄					
7	平木の耳の神さま	下村菊雄					
8	びんずる峠	尾畑多慶					
9	三日花	渡邊定					
10	三日葉	桐澤千鶴					
11	夜干しの禁忌	桐澤千鶴					
12	死人参	渡邊定					
13	死に牛蒡	山田俊子					
14	卯の日に種を蒔いてはいけない	山田俊子					

15	茄子の苗を植えるときの禁忌㈠	山田俊子					
16	茄子の苗を植えるときの禁忌㈡	岩本うめ					
17	二月二日の豆撒き	坂下和良					
18	盆には河原へ行ってはいけない	高橋志津子					

◆調査記録◆

令和4年5月21日（土）第1回採訪
午前　山路自治会館
午後　勝坂神楽伝承館

令和4年5月28日（土）第2回採訪
午前　篠原公民館
午後　植田公民館

令和4年6月4日（土）第3回採訪
午前　個別訪問　池島喬子さん　大上貴枝さん
大上隆司さん　杉浦道子さん　村松勝さん
午後　個別訪問　桐澤千鶴さん　鈴木けさえさん
鈴木茂男さん　鈴木康夫さん　鈴木幸子さん

令和4年6月11日（土）第4回採訪
午前　赤岡区公民館
午後　野尻公民館

令和4年6月18日（土）第5回採訪
午前　個別訪問　兼堀武さん　兼堀信子さん
鈴木勝子さん　太向忠和さん　太向恵枝さん
中田たかえさん　杢谷知子さん
午後　個別訪問　尾畑多慶さん　尾畑由紀子さん
森下静人さん　森下すみゑさん　森下昌彦さん

令和4年6月25日（土）第6回採訪
午前　河内公民館
午後　高瀬公民館
個別訪問　青木定之さん　青木美津江さん

令和4年7月2日（土）第7回採訪
午前　個別訪問　兼堀武さん　兼堀信子さん
太向忠和さん　太向恵枝さん　山田俊子さん
午後　個別訪問　木下昂之さん　柴田武司さん
鈴木けさえさん　鈴木茂男さん　森下静人さん

令和4年7月9日（土）第8回採訪
午前　久保田公民館
午後　里原公民館

令和4年7月16日（土）第9回採訪
午前　平木自治会館
個別訪問　下村克枝さん　下村菊雄さん
午後　個別訪問　天野都子さん　天野好子さん

天野悌延さん　大上隆司さん　高橋志津子さん
本多ふみえさん

令和4年7月23日（土）第10回採訪
午前　個別訪問　大上隆司さん　柴田武司さん

令和4年10月22日（土）補足調査①
午前　天野都子さん　天野好子さん　天野悌延さん
下村軫一さん　松本史吉さん
午後　沢奥薫さん　藤下宜之さん　本多ふみえさん

令和4年10月29日（土）補足調査②
午前　岩本和秀さん　尾畑多慶さん　尾畑由紀子さん
午後　石原安子さん　坂下和良さん　下村軫一さん
鈴木昇さん　松本史吉さん　村松勝さん
森坂順子さん　渡邊定さん

令和4年11月12日（土）補足調査③
午前　高橋志津子さん　　本多ふみえさん
午後　尾上正さん　酒井章さん　鈴木シマエさん
鈴木幸弘さん　戸塚政一さん　戸塚ふじえさん
松本光史さん

令和4年11月26日（土）補足調査④
午前　鈴木けさえさん　鈴木茂男さん　森下静人さん
午後　坂下和良さん　太向忠和さん　太向恵枝さん
渡邊定さん

令和4年12月3日（土）補足調査⑤
午前　中道一彦さん　本多ふみえさん
午後　岩本和秀さん　木下昂之さん　木下睦子さん

令和4年12月17日（土）補足調査⑥
午前　鈴木茂男さん　渡邊定さん
午後　勝田敏勝さん　兼堀武さん　兼堀信子さん

令和5年1月8日（日）補足調査⑦
午前　岩本和秀さん　大上和志さん　鳥居晴美さん
本多ふみえさん
午後　尾畑多慶さん　中道一彦さん

令和5年1月13日（金）補足調査⑧
午前　岩本和秀さん　沢奥薫さん　松井健さん
藤下宜之さん　渡邊定さん
午後　鈴木茂男さん　太向忠和さん　太向恵枝さん
中田俊子さん　藤下宜之さん

あとがき

二本松　康宏

二〇二二年、伝承文学ゼミには四名の新三年生が参加した。九名の応募者《エントリー》から選抜した精鋭である。疫禍《えきか》は前年よりもさらに拡がっていたが、行動制限はだいぶ緩和されてきた。社会が疫禍に倦《う》み、あるいは慣れてしまったらしい。大学の教室ではソーシャル・ディスタンス《対人間隔の確保》の目印にされていた机の上のシールもいつのまにか撤廃されていた。疫禍前の日常が戻りつつあった。

もちろん不安はある。そもそも疫病そのものが消えてなくなったわけではない。高齢者の重症化リスクは日々、報道されている。「もしもゼミの学生が無症状の感染者だったとしたら」。そんな危惧がいつも脳裏にある。高齢者に対面して話を聴く、というただそれだけのことなのに。

それでも私たちは三年ぶりの集団採録に踏み切った。豊岡の六つの集落（勝坂、植田、野尻、赤岡、山路、篠原）と宮川の五つの集落（平木、里原、久保田、高瀬、河内）を訪ねる。

よく誤解されていることがある。公民館に集まってくださった高齢者の方から「ここらへんじゃなくて、もっと〇〇のほうへ行って聞いたらいいんじゃないの?」と言われることがある。「〇〇」というのはたいてい山奥の集落である。「山奥の集落を訪ねたら昔話が聴ける」というのは、実は大誤解である。家庭内で昔話が語られる前提として、ある程度の生活のゆとりがなければならない。たとえばおばあちゃんは労働力としてではなく、子守りに専念できる環境。子どもが学校から帰ると、そのまま山へ藤蔓を採りに行き、その藤蔓を筏問屋に売って日銭にあてなければならない家庭では、子どもにも昔話を聴く余裕がない。

「五反百姓《ごたんびゃくしょう》」という言葉がある。五反の水田を所有していれば家族がどうにか暮らしてゆける、という意味である。家族といってもじいとばあ、父さんと母さん、子どもは五人くらいだろう。現在だったら大家族である。「五反百姓出《で》ず入《い》らず」という諺《ことわざ》もある。五反百姓だったら貯金をすることはできないが借金をすることもない。五反は約五〇a《アール》。わかりやすく言えば約七〇m×約七〇m、気田小学校の校庭くらいの広さになる。

本来、「五反百姓」とは足《た》るもなく不足《たらぬ》もなくどうにか暮らしてゆける水準だが、山あいの集落では話が違う。田んぼは二反か三反もあればいいほうで、五反もあれば大百姓である。以前、龍山での採録調査にあたった学生たちを春野へ連れて行ったことがある。彼女たちは一様に感嘆した。「先生、田んぼがあります!!」と。それはそうだろう。彼女たちが訪ね歩いた龍山には（天竜川沿いの鮎釣という小集落以外には）、水田なんてほとんどなかったのだから。

その学生たちが「先生、田んぼがあります!!」と感嘆した風景こそ、久保田から里原、平木にかけてである。目測だけではわからないし、すでに耕作されていないところもあるから、確かなことは言えないが、少なくとも何反ではなく、何町歩で数えるような広さである。もちろん何人かの所有者（地主）がいるだろうから、一軒あたりの所有地は何反かになるかもしれない。それにしても豊かな集落である。

熊切川沿いの田河内、長蔵寺。杉川沿いの気田子、居寄、門島。春野には思いがけないところに水田が広がっていた。詳しく聞けば、いずれも明治から大正にかけて開発されたらしい。水田が広がる集落では昔話や伝説もよく採れた。前述のように、暮らしにゆとりがあるからだろう。

久保田や里原、平木だけではない。気田川を遡ると野尻にも植田にも沃野が広がっていた。勝坂では耕作されなくなって久しく、すでに荒地となっていたが、そこにも確かに水田があった。篠原の広大な貯木場跡もかつては水田だったという。さすがに山路や赤岡では田んぼは見られないが、ここはかつて杉へ向かう行商人たちが行き交った街道の集落である。河内は熊切への入り口にあたる。

今年はテーマを絞らない。思う存分に「昔話」を聴こう‼。私たちの期待は間違っていなかった。かくして都合九五話の昔話を採録した。伝説は五六話、世間話四一話、言い伝え四九話、合計二四一話の堂々たる成果である。

二〇一四年に水窪から始めた昔話の採録調査は、今年で九年目となった。「目的のために、あらゆる選択肢を模索し、最善を尽くす」「思いに応える」「ボランティアとは一線を画す」「学術の矜持」という伝承文学ゼミの信念《SPIRITS》の共有が、この九年のあいだに培われ、受け継がれてきた。こうした信念《SPIRITS》の共有があるかぎり、私たちはどこまでも調査に向かうだろう。

＊　＊

本年度の調査でも春野協働センターと春野文化センターの職員の皆様にはひとかたならぬご支援を賜った。春野町でＮＰＯタクシーを運営する「春野のえがお」の皆様にもお世話になりっぱなしである。春野協働センターの皆様も「春野のえがお」のドライバーの皆様も休日を返上して私たちに同行してくださる。その人脈に助けられることがとても多い。

黄地百合子先生と松本孝三先生には、例年同様、調査に出向く前の学生たちへの講義をお願いした。前年と前々年はオンラインでの講義だったから、教室での講義は三年ぶりである。やはりオンラインの講義よりもずっと説得力がある。あらためて御礼を申し上げます。

そして、とうとう九冊目となったこの書籍を、いつものように快く刊行してくださった株式会社三弥井書店の吉田敬弥社長と吉田智恵編集長にも、心から御礼を申し上げます。この事業は三弥井書店のご理解とお力添えがなければとうてい続けることができません。ほんとうにありがたいことです。

二〇二三年二月一四日

編著者
奥　理咲子（おく・りさこ）2001年5月8日生まれ　岐阜県各務原市出身
島津　華梨（しまづ・かりん）2002年2月3日生まれ　三重県朝日町出身
中澤　明音（なかざわ・あかね）2001年11月9日生まれ　静岡県浜松市出身
永田　絵美梨（ながた・えみり）2001年5月28日生まれ　静岡県掛川市出身

監修者
二本松 康宏（にほんまつ・やすひろ）1966年12月7日生まれ　長野県長野市出身
静岡文化芸術大学教授、博士（文学）
昔話関連の編著書
『水窪のむかしばなし』（二本松康宏監修、植田沙来・内村ゆうき・野津彩綾・福島愛生・山本理紗子編著、三弥井書店、2015年）
『みさくぼの民話』（二本松康宏監修、岩堀奈央・植木朝香・末久千晶・鷹野智永・久田みずき編著、三弥井書店、2016年）
『みさくぼの伝説と昔話』（二本松康宏監修、佐藤妃莉・下川知沙子・羽石誠之助・東美穂・平手結花・山本かむい編著、三弥井書店、2017年）
『たつやまの民話』（二本松康宏監修、稲葉夏鈴・岡田真由子・小林由芽・玉置明子・中谷文音・毛利とわ編著、三弥井書店、2018年）
『春野のむかしばなし』（二本松康宏監修、伊藤優華・藤井優・吉髙里編著、三弥井書店、2019年）
『春野の昔話と伝説』（二本松康宏監修、亀本梨央・川口璃穏・柴田俊輔編著、三弥井書店、2020年）
『北遠の災害伝承－語り継がれたハザードマップ－』（二本松康宏監修、青木ひめの・青島萌果・小川日南・川嶋結麻・米川沙弥・松井佐織編著、三弥井書店、2021年）
『春野の山のふしぎな話』（二本松康宏監修、小田ありさ・奥村宗明・澤田駿佑編著、三弥井書店、2022年）

表紙画
川嶋結麻（かわしま・ゆま）

春野の民話

令和5年3月21日　初版発行

定価はカバーに表示してあります。

発行者　吉田　敬弥
発行所　株式会社 三 弥 井 書 店
〒108－0073東京都港区三田3－2－39
電話03－3452－8069
振替00190－8－21125

ISBN978-4-8382-3405-9 C3039　整版・印刷 エーヴィスシステムズ